MARCEL FRESCALY

(LIEUTENANT PALAT)

JOURNAL
DE ROUTE

ET CORRESPONDANCE

ÉDITION ORNÉE DU PORTRAIT DU LIEUTENANT PALAT

ET D'UNE CARTE DE LA RÉGION EXPLORÉE

PARIS

G. CHARPENTIER ET Cⁱᵉ, ÉDITEURS

11, RUE DE GRENELLE, 11

1886

JOURNAL DE ROUTE

ET CORRESPONDANCE

BIBLIOTHÈQUE CHARPENTIER
à 3 fr. 50 le volume

DU MÊME AUTEUR :

LA VIE MILITAIRE EN AFRIQUE

Le 6ᵐᵉ Margouillats. (2ᵉ mille). . . . . 1 vol.
Fleur d'alfa. (2ᵉ mille). . . . . 1 vol.
Mariage d'Afrique. . . . . 1 vol.

14170. — Imprimerie A. Lahure, 9, rue de Fleurus, à Paris.

LE LIEUTENANT MARCEL PALAT
(*Portrait extrait du journal l'Illustration*)

MARCEL FRESCALY
(LIEUTENANT PALAT)

JOURNAL
DE ROUTE
ET CORRESPONDANCE

ÉDITION ORNÉE DU PORTRAIT DU LIEUTENANT PALAT
ET D'UNE CARTE DE LA RÉGION EXPLORÉE

PARIS
G. CHARPENTIER ET Cie, ÉDITEURS
11, RUE DE GRENELLE, 11

1886
Tous droits réservés

LE
LIEUTENANT PALAT

PRÉFACE

Il y a près de huit années, quand le sous-lieutenant Marcel Palat débarquait à Oran pour rejoindre de là[1] son régiment, le 2ᵉ spahis, il ne songeait guère qu'il trouverait à la

[1]. Marcel Palat était né à Verdun-sur-Meuse, le 22 avril 1856. Après de bonnes études terminées au lycée de Besançon, il entrait à Saint-Cyr d'où il sortait le 1ᵉʳ octobre 1877, dans la cavalerie. Nous nous sommes aidé, pour cette esquisse biographique, des lettres que la famille et les amis de Palat ont bien voulu nous communiquer.

fois, en cette terre d'Afrique, l'origine de sa célébrité et le théâtre d'une mort tragique.

Il avait beaucoup souhaité d'être nommé en Algérie : les côtés aventureux de l'existence africaine, les grandes chevauchées au soleil, l'immensité et la nouveauté des horizons, la perspective de mœurs inconnues à observer (car il était très observateur), et peut-être celle de la bataille, au milieu de l'ardente poussière où retentissent les cris de mort et où reluit l'éclair des armes, tout cela lui souriait plus que la vie morne d'une garnison de France, entre les ennuis monotones du service de semaine, des théories et du terrain de manœuvres et les distractions peu variées du cercle ou du café-concert enfumé.

Chose rare, le séjour de l'Algérie ne lui apporta aucune désillusion ; chacune de ses lettres respirait une joie plus entière ; son initiation à ce pays inconnu lui faisait découvrir chaque jour des horizons nouveaux. La vie militaire aux spahis, qu'il devait plus tard retracer si fidèlement dans son 6e *Margouillats*, lui plaisait infiniment; dès les premiers jours, il s'était senti une sympathie particulière pour les Arabes qu'il avait l'occasion de voir : les cavaliers ses camarades, les officiers indigènes, les chefs des tribus voisines, entrevus de loin en loin, lui inspiraient une curiosité toujours croissante. Il voyait en eux les représentants d'une grande race, aujourd'hui déchue, mais qui conserve encore des qualités de premier ordre, de nature à en faire, suivant les cas, les plus redoutables des ennemis ou les plus précieux des auxiliaires.

Les colons ou les alfatiers espagnols de Sidi-bel-Abbès ou de Saïda charmaient également sa curiosité. Son goût pour l'étude des langues trouvait là son élément précieux, et il rencontrait, dans la population, très mêlée des villages ou des chantiers espagnols, des sujets d'observation qu'il devait plus tard mettre à profit dans *Fleur d'alfa* et dans *Mariage d'Afrique*.

Le désir de voir, de plus près encore, la vie arabe et celle des chantiers d'alfa, le fit entrer, au bout de peu de temps, dans le service des affaires indigènes, et il fut attaché comme adjoint aux bureaux arabes de Saïda et de Daya. Il y commença l'étude de la langue arabe, qu'il devait arriver à parler et à écrire correctement, au bout d'années de travail.

La vie étroite du poste de Daya, dont il fait, dans un de ses livres, une description si vivante, lui aurait été insupportable, s'il n'avait eu, pour le soutenir, le goût de l'étude et les courses dans les tribus. Après des semaines et des mois passés dans une chambre sordide, en un bureau étroit ou dans un cercle enfumé, avec l'intimité forcée, irritante à la longue, de cinq ou six personnes confinées dans le poste. Après avoir vécu trop longtemps dans ce milieu où les facultés s'atrophient, où les caractères s'aigrissent, où les défauts s'accusent, et où les sentiments de camaraderie s'effacent trop souvent, les courses à travers monts et vallées, dans les vagues argentées de la mer d'Alfa ou dans les forêts brûlées par le soleil, lui valaient des heures exquises. Il en rapportait du courage et de l'entrain pour longtemps.

Sur ces entrefaites, l'insurrection de Bou-Amema éclate ; en un instant tout le Sud oranais est en feu ; les environs de Daya, jadis si déserts, sont sillonnés par les goums, par les convois. Palat voit ses camarades des régiments passer heureux de cette bonne aubaine qui les délivre pour un instant de la vie de garnison et leur fait entrevoir des perspectives de bataille. Il ne peut se résigner à la vie paisible du bureau, tandis que ses camarades sont au combat, et il demande à rentrer au 2ᵉ spahis.

Mais la malechance veut qu'il demeure écarté de toutes les affaires de cette courte campagne ; il en passe la fin à se morfondre avec ses spahis et ses goums à la lisière du Sahara algérien, attendant des dissidents qui s'obstinent à ne pas venir.

C'est au milieu de cette inaction forcée qu'il publie son premier livre, *les Arabesques,* un petit volume de vers pleins de fraîcheur et d'originalité, où ses impressions d'Algérie revivent à chaque strophe, et où l'on sent vibrer à l'unisson l'âme du soldat et du poète. Le peu de retentissement de ses vers ne le décourage pas, et il donne bientôt à ses souvenirs d'Algérie une allure plus réaliste et plus moderne, dans le 6ᵉ *Margouillats*, dont le succès est beaucoup plus grand dès son apparition.

L'histoire de son héros, Maurice Desforges, le sous-lieutenant, était un peu la sienne, et c'est ce qui donne à ce livre une saveur si particulière, une impression si vécue. Il restera comme une peinture fidèle de la vie militaire actuelle en Algérie, vue par ses grands comme par ses petits côtés, avec les ivresses de la bataille, comme au milieu des ennuis mornes et des distractions bêtes du petit poste africain.

La nomination de Palat au grade de lieutenant allait peut-être l'éloigner de l'Afrique. Sur sa demande, il obtint d'être nommé aux escadrons du 11ᵉ hussards, stationnés en Tunisie.

Là aussi était finie la conquête, sorte de promenade militaire qui avait conduit nos soldats des gorges du pays des Kroumirs aux Sables de Gabès et du Sahara tunisien. Cette promenade était finie et il ne restait plus au corps d'occupation que l'ennuyeuse besogne d'asseoir notre domination et de surveiller le pays conquis.

Palat eut du moins l'occasion de parcourir la Tunisie en tous sens, et il consacra ces excursions à des fouilles, à des études archéologiques ou pittoresques dont il reste un témoignage encore inédit : son *Voyage en Tunisie*.

Au moment où son escadron était désigné pour rentrer en France, il obtenait, à sa grande joie, de faire partie d'une des compagnies mixtes en formation, et il commandait quelque temps le peloton de spahis de l'une d'elles, sur la frontière de la Tripolitaine, à la marge du Sahara tunisien.

Mais un titulaire, envoyé de France, l'obligeait à quitter son peloton, et il rejoignait sa garnison de Valence, avec le regret profond de renoncer pour un temps à la vie africaine.

Dans l'intervalle, il avait publié une étude de mœurs espagnoles, *Fleur d'alfa*, qui attirait de nouveau sur lui l'attention du monde lettré. Son séjour de plusieurs années en Afrique lui avait donné l'occasion d'étudier la grande question des voies de communication du Sud algérien au Soudan ; à plusieurs reprises il avait manifesté le désir de reprendre pour son compte les tentatives où ont échoué tant de voyageurs, en cherchant à se rendre de la Méditerranée au Niger.

On sait que les routes des caravanes, jadis très fréquentées de l'Algérie au Soudan, ont été abandonnées depuis l'invasion française, et que les courants commerciaux se sont détournés de notre colonie au profit de la Tripolitaine et du Maroc.

Les rétablir serait faire œuvre grande et utile à tous égards, aussi bien pour le développement de l'Algérie que pour celui de notre commerce en Afrique.

Mais on ne peut y songer avant de connaître les routes que devraient prendre les caravanes futures. Palat trouvait, dans l'importance de cette question, un motif de plus pour lui faire souhaiter d'exécuter ses projets.

Une circonstance imprévue vint hâter la réalisation de ce désir. Pendant un congé, Marcel Palat fut mis en rapport avec l'envoyé de Tombouctou Si-el-Hadj, dont on se rappelle la venue en France à la fin de 1884.

Dès lors, l'idée d'un voyage vers la grande ville soudanienne s'empara de lui pour ne plus l'abandonner. Il mit tout en œuvre pour obtenir une mission ; avec une patience et une ténacité qui ne se lassèrent point, il multipliait les démarches auprès des ministres compétents et des personnes influentes portant intérêts aux sciences géographiques et au développement de notre prestige en Afrique.

Entre temps, il étudiait soigneusement les récits de voyages se rapportant à son itinéraire. Cette vie de sollicitations et de travail lui était devenue tellement à charge qu'il attendait avec impatience le moment de se mettre en route « pour pouvoir enfin se reposer », disait-il dans une de ses lettres.

L'appui bienveillant de M. de Freycinet, alors ministre des affaires étrangères, celui de MM. de Lesseps, Ney, Maunoir et de bien d'autres que nous omettons à regret, celui, enfin, d'une femme de cœur, dont on est toujours assuré de retrouver le nom, chaque fois qu'il y a une grande action à encourager, Madame Adam, toutes ces influences mises en œuvre arrivèrent enfin à mettre Palat au comble de ses vœux. Il obtenait au mois de juin dernier une mission gratuite du ministre du Commerce, une mission officieuse du ministère de l'Instruction publique.

La commission des missions constituée près de ce dernier ministère lui avait alloué à l'unanimité une subvention de dix mille francs. Les Affaires étrangères lui accordaient une petite somme de deux mille francs pour cadeaux à faire. Quant au reste, Palat devait le prélever sur ses maigres ressources personnelles[1].

---

1. Palat est parti avec environ seize mille francs, ce qui était bien peu pour le but à atteindre.

Sa première intention avait été de se rendre au Sénégal et de là à Tombouctou par le Niger, en utilisant la canonnière que nous avons depuis quelque temps sur le grand fleuve africain. Le futur voyageur comptait naturellement sur la bienveillance de la marine, qui semblait devoir être tout acquise à un projet destiné, s'il réussissait, à accroître notre influence dans le bassin du Sénégal et du Niger.

Il fut bien vite détrompé : la canonnière lui fut péremptoirement refusée, et à l'attitude prise par les bureaux de la marine vis-à-vis de lui, il put nettement comprendre que les difficultés rencontrées à Paris seraient bien autres dans la colonie.

Sur ces entrefaites, les chefs des Oulad-Sidi-Cheik venaient à Paris rendre hommage au Président de la République. Palat était mis en rapport avec eux par des relations communes et un nouveau plan de voyage ne tardait pas à être la suite de cette rencontre. Si-Hamza, l'agha de Géryville, avec lequel il se liait rapidement d'amitié, lui promettait de le conduire d'Algérie au Touat et de lui faire avoir des guides pour la traversée du Sahara, des oasis du Touat au Soudan.

Jointe à la mauvaise volonté des bureaux de la marine à son égard, cette circonstance capitale décidait de ses projets définitifs.

La tribu des Oulad-Sidi-Cheik est en effet une des confréries religieuses les plus puissantes du nord-ouest de l'Afrique.

Elle a des affiliés au Maroc, au Touat, dans la Tripolitaine et même dans l'Inde, dit-on.

Un pareil appui, celui du schérif de Ouazyan, dont on avait pu obtenir une lettre de recommandation, semblaient de sûres garanties de succès.

Marcel Palat prenait dès lors ses dispositions pour quitter Géryville dès le commencement d'octobre, en s'enfonçant vers le sud.

Trois Européens seulement ont accompli le voyage de la Méditerranée au Soudan. Le major Laing, un Anglais, parti de Tripoli avec quelques indigènes, traversa une partie du Sahara septentrional de Ghadamès au Touat, puis se rendit de là à Tombouctou par Walata ; il fut assassiné en 1828, pendant son voyage de retour, à quelques marches au nord du Niger.

Un an après, un Français, René Caillé, parti de la côte de Sierra Leone, se rendait à Tombouctou en suivant le Niger et parvenait ensuite à gagner Tanger sur la côte marocaine, en passant par les oasis de Tafilalet au sud du Maroc.

Caillé n'avait pu établir la deuxième partie

de ce dangereux voyage qu'en se faisant passer pour un musulman et en se joignant à une caravane.

Il avait fallu à cet homme, parti absolument seul, presque sans ressources, une ténacité extraordinaire pour ne pas reculer devant la tâche qu'il avait entreprise.

Enfin, la dernière expédition à laquelle il ait été donné d'atteindre Tombouctou en partant de la Méditerranée fut celle de l'Autrichien Lenz[1] (1879-1880).

Le docteur Lenz, parti de Tanger avec un Espagnol et quelques indigènes, parmi lesquels un schérif[2] algérien Hadj-Ali-Boutaleb, traversa tout l'occident du Maroc et, après un voyage relativement facile, aborda le désert

1. Le récit du voyage de M. Lenz n'avait pas encore été traduit en français : il paraîtra prochainement, croyons-nous, chez Hachette.
2. Descendant du Prophète.

par Tendref. Il réussit à le traverser dans la direction de Taoudeni, où il rejoignit la route de René Caillé, et d'où il gagna Tombouctou en juillet 1880. De cette ville il atteignait nos postes du Sénégal après un voyage très pénible dans un pays malsain, mais sans avoir eu autrement à souffrir des attaques des indigènes. L'heureuse issue de ce voyage était due surtout à la présence auprès de lui du schérif Hadj-Ali-Boutaleb. Elle seule avait pu permettre à un *roumi*, parlant très mal l'arabe, de traverser tant de tribus connues par leur fanatisme.

Le brillant succès du docteur Lenz coïncidait presque avec le désastre de la deuxième mission du colonel Flatters. Elle aussi avait dû tenter la traversée du Sahara, de l'Algérie au Soudan, mais en prenant une direction centrale, entre le Touat et Ghadamès.

On sait quel affreux massacre lui était réservé par la trahison des guides Touareg et Chambâa, près du puits de Bir-el-Kharama, au moment où elle atteignait le bassin du Niger.

Le projet de Marcel Palat était tout autre ; il voulait essayer de passer seul, ou à peu près, là où une caravane nombreuse aurait échoué ; il espérait attirer ainsi moins de convoitises et même réussir à se faire passer pour musulman. D'après ses premières intentions, il devait aller de Géryville au Gourara et, de là, gagner Taoudeni, où il rejoindrait la route de Caillé. De Tombouctou il pensait atteindre notre colonie du Sénégal par le désert de Walata.

Mais avant de se mettre en route, il avait à compter avec une foule de difficultés. Il avait sollicité du ministre de la guerre l'autorisation d'emmener un sous-officier parmi ceux très nombreux qui lui avaient offert de l'accompagner. Cette autorisation lui fut refusée par la raison qu'elle aurait nui aux intérêts du sous-officier en matière d'avancement.

Les règlements sont ainsi faits, paraît-il : un militaire chargé d'une mission officielle, et qui tente, au prix de mille dangers, d'ouvrir une voie nouvelle à l'influence française, perd tous droits à l'avancement et à l'ancienneté, parce qu'il n'est plus sous la dépendance du ministre de la guerre.

En Algérie, où Palat était dès le mois de septembre, ce fut bien pis. On verra dans ses lettres quels secours il trouva dans les autorités de tout ordre. Avant d'avoir à triompher des dangers du désert, il avait à vaincre l'inertie et la routine des bureaux.

Tandis que l'Autrichien Lenz trouvait,

pendant tout son voyage, l'appui le plus empressé auprès de tous ceux, Allemands ou Autrichiens, que le hasard mettait à sa portée et dont la communauté de langage suffisait à lui faire des protecteurs et des amis, notre malheureux compatriote ne rencontrait même pas chez des Français l'appui banal réservé d'ordinaire aux Européens en pays musulman. Et pourtant il était investi d'une mission officielle : il allait seul courir au-devant de dangers absolument certains, sacrifiant d'avance ses trente ans à la cause de la patrie française !

Nous ne voulons pas insister sur les événements douloureux dont chacun a gardé la mémoire; le résultat de l'enquête ordonnée par le ministre de la guerre ne nous est pas connu.

Mais notre conviction profonde, disons-le hautement, est que l'attitude prise par certaines autorités algériennes envers Marcel Palat a contribué à son assassinat. Elle n'était pas faite assurément pour faire respecter la vie d'un homme isolé, sur lequel on ne sentait même pas la protection de la France.

On sait trop la suite de ce voyage préparé avec tant de soin, entrepris avec tant de foi : un guet-apens dont les circonstances, le lieu et la date ne nous sont même pas encore connus exactement, notre malheureux ami massacré sans défense par ses guides à deux marches au nord d'In-Salah, au moment où il se croyait certain d'accomplir la première partie de son entreprise.

Cher et malheureux ami ! Tu laisses derrière toi des affections fidèles qui sont pour ta mémoire le meilleur des éloges. Tes brillantes qualités, ton vaillant cœur, ton aimable caractère sauveraient ton nom de l'oubli, même si ta mort glorieuse ne l'avait inscrit à jamais dans le martyrologe des explorations africaines.

Souhaitons tous que ton exemple héroïque ne demeure pas inutile, et que tu trouves à la fois et dans un avenir prochain des vengeurs et des imitateurs plus heureux que leurs devanciers.

Il n'y en aura pas de plus digne de réussir et qui laisse derrière lui de plus amers regrets[1].

Paris, 4 mai 1886.

Pierre LEHAUTCOURT.

---

1. La première partie du voyage au Soudan n'est jamais parvenue à la famille de notre ami. Nous avons dû suppléer aux lacunes qui existaient dans sa narration

en réunissant les lettres qu'il a adressées à ses parents et à ses amis pendant son voyage. L'obligeance de tous, et notamment de M. Napoléon Ney, qui a toujours montré à Marcel Palat l'amitié la plus parfaite et la plus dévouée, nous a permis de les reproduire.

La carte dont l'envoi est annoncé dans une des lettres du malheureux voyageur n'est également pas arrivée dans les mains de son destinataire. Nous n'avons pu établir la carte ci-jointe qu'en coordonnant les documents déjà parus avec les nouveaux résultant du voyage au Soudan.

AVANT-PROPOS

La mort du lieutenant Palat (Marcel Frescaly) est un deuil nouveau pour l'armée, pour les lettres, qui perdent avec le lieutenant Palat, traîtreusement assassiné au cours de son voyage au Soudan, un collaborateur et un ami.

Il y a quelques semaines encore, une lettre du courageux explorateur parvenait du fond du Touat à Madame Adam avec un manuscrit: « J'espère pouvoir vous envoyer de Saint-Louis le reste de mon voyage. J'ai la plus entière con-

fiance dans sa réussite. Et je n'oublierai jamais tout ce que vous avez fait pour moi... » écrivait Palat.

Ce manuscrit reçu était la première partie d'un Voyage au Soudan que croyait pouvoir terminer notre ami, voyage qui, hélas ! ne sera jamais achevé !... car une terrifiante nouvelle nous est arrivée tout à coup par le télégraphe : « Palat tué par ses guides à deux journées d'In-Salah... » Nous avons pleuré l'aimable et charmant ami, le vaillant officier, l'explorateur courageux et l'écrivain de talent.

Marcel Frescaly, le poète des Arabesques, le romancier du 6ᵉ Margouillats, de Fleur d'alfa, de Mariage d'Afrique, peintures exactes de la vie militaire en Afrique à l'heure présente, était le pseudonyme d'un officier distingué : le lieutenant Palat.

La mort tragique de notre jeune camarade a attiré l'attention sur son œuvre littéraire — inachevée comme le hardi et périlleux voyage qu'il avait courageusement entrepris. Cette œuvre littéraire avait donné plus que des promesses. Par son caractère spécial elle assure à Palat une place parmi les écrivains de ce temps. On l'a même comparé à Paul de Molènes : ce n'est pas à tort. Palat, comme l'auteur des Commentaires d'un soldat, avait l'ardent amour de la carrière des armes. Mais il l'aimait surtout par son côté chevaleresque et poétique; par ce qu'elle renferme de générosité, de galanterie, de dévouement, d'abnégation. Notre infortuné camarade appartenait à une espèce militaire qui tend à disparaître de plus en plus; elle idéalisait le noble métier des armes, à travers les pensées généreuses, les grands élans, les envolées superbes et les héroïques folies.

La mort de Palat ne sera pas jugée autrement par beaucoup. Elle vaut mieux pourtant! mais la loi est faite! L'explorateur qui réussit est un grand homme; celui qui succombe est un fou.

Palat est un martyr nouveau de cette terre d'Afrique, si attirante d'ailleurs pour ceux qui, jeunes, l'ont connue. Il avait vécu en Algérie les premières, les meilleures années de sa vie d'officier; presque toujours au désert. Le grand voyage dont il est mort, il le préparait depuis plusieurs années, lentement, résolument, sans jamais cesser d'y penser. Attaché aux postes de l'extrême Sud algérien, il avait appris à parler, à écrire l'arabe. Il questionnait les indigènes, se pénétrait de leurs coutumes, de leurs mœurs, se préparait enfin de longue haleine, avec une énergie froide, au métier hardi d'explorateur. Il en avait toutes les qualités.

C'est tout au fond de la Tunisie, en colonne sur la frontière tripolitaine; puis au camp de Ras-El-Oued, près de Gabès, pendant les longues courses à cheval, ou le soir au feu de bivouac, que je fis connaissance et m'attachai bien vite au lieutenant Palat. Ce doux et timide garçon, rêveur aux yeux bleus, aux cheveux châtains bouclés, parlait peu et d'une voix peu élevée.

C'était en même temps un vigoureux cavalier et un brillant officier d'avant-garde. Modeste et réservé d'aspect; d'une extrême énergie quand il le fallait, j'en pus juger en diverses circonstances, Palat se sentit porté vers moi comme je me sentais attiré vers lui. Et bientôt je reçus ses confidences. « Il écrivait, faisait des vers; après avoir écrit des nouvelles, il était allé jusqu'au roman... On ne le savait pas au régiment... Il me priait de n'en rien dire... cela lui ferait du tort! » Le plus triste c'est que le pauvre garçon disait vrai... Puis ses projets d'avenir! — Que de fois ne m'a-t-il pas entretenu de ce grand voyage « au Pays Bleu », dont il me disait les légendes, dont il me décrivait par avance les merveilles. Sa vie avait pour but un voyage au Soudan.

Et pourtant Palat si bien préparé a échoué. Il est tombé sur le chemin. Pourquoi?.. Comment? — Les détails manquent encore.

Il nous sera permis pourtant de signaler — sans insister — l'attitude inexplicable de certains chefs militaires du sud de l'Algérie. Jusqu'à plus ample informé nous avons le droit de nous demander si le lieutenant Palat, officier français, a été traité à El-Goléa par le commandant supérieur comme il aurait dû l'être; et si sa manière d'être à l'égard de l'explorateur avec lequel il n'a partagé ni le pain ni le sel n'a pas encouragé par la suite les indigènes à considérer notre malheureux compatriote comme une proie facile, et dont la mort ne serait pas vengée...

Nous ne parlons pas du côté politique de la question; du prestige même de la France, dont Palat, chargé de missions officielles, muni d'un passeport diplomatique, était le représentant.

Nous savons que M. le ministre de la guerre a ordonné sur les faits qui ont précédé et suivi la mort de Palat une enquête sévère. Nous avons le ferme espoir qu'elle sera complète. Et nous en attendons impatiemment le résultat.

Ce qu'il faut éviter, c'est le retour de pareils

faits. Après trois années, la mission Flatters n'est pas encore vengée; Palat vient d'être assassiné. Assez de sang français a coulé depuis dix ans dans le Sahara. Notre dignité, notre orgueil national, notre intérêt, la sûreté même de notre possession algérienne nous font un devoir de mettre un terme à ces assassinats répétés. C'est ce qu'a justement compris un député, l'honorable M. Letellier, qui, au nom de notre grande colonie d'Algérie dont il a été un des représentants, s'est fait l'interprète de l'opinion publique. Élargissant le débat, il a demandé au gouvernement à l'interpeller sur les causes de la mort du lieutenant Palat et sur les mesures propres à empêcher dans l'avenir de tels événements.

Le ministère a demandé un sursis d'un mois afin d'être exactement renseigné.

S'agit-il d'envoyer là-bas, au fond du Sahara, des colonnes mobiles composées d'éléments français? Non sans doute : ce serait de toute impossibilité.

Il faut utiliser simplement les éléments arabes

les uns contre les autres; opposer à ces grands chefs arabes du désert ceux qui sont ralliés à notre domination, cela est possible et facile.

Autorisons les Oulad-Sidi-Cheikh, les Chambâa, à aller razzier les coupables. Laissons s'organiser deux colonnes de mille hommes chacune, armées en « ghazzou »; que ces deux colonnes, parties l'une de Ouargla, l'autre d'El-Goléa, se rejoignent, après avoir razzié In-Salah, vers le Hoggar, à Idélès par exemple.

Alors le Soudan sera débarrassé à jamais de ses pirates terrestres, les Touareg, comme la Méditerranée le fut après la prise d'Alger de ses pirates maritimes. Nos compatriotes seront vengés. Les routes seront sûres et le prestige du nom français sera définitivement assuré jusqu'aux rives lointaines du lac Tchad.

Les pages qu'on va lire montrent bien que Palat possédait les qualités indispensables à l'explorateur, surtout dans les pays musulmans. Il avait une grande patience et, quand il le fallait, une extrême énergie, avec le respect de sa *dignité personnelle*, qualité que les Arabes apprécient au plus haut point chez leurs ennemis.

Rappelons brièvement que Marcel Palat, chargé de missions officielles, s'est embarqué pour Alger au mois d'août dernier. A la suite de retards successifs, il n'a pu se mettre en route que vers le mois d'octobre. Il a passé ce temps en préparatifs. Dans les derniers envois qui nous sont parvenus, les nouvelles qu'il donne vont jusqu'au 5 février. La première partie de son voyage (d'Alger à El-Goléa), qu'il dit avoir envoyée à Mme Adam, s'est égarée en route et ne lui est pas parvenue. Nous ne donnons ici que la fin de la première partie du voyage, qui nous mène avec Palat jusqu'au fond du Touat, bien avant dans le désert.

Les lecteurs liront avec intérêt ces pages pour lesquelles l'auteur sollicitait lui-même l'indulgence, « car ce ne sont, dit-il, que des notes écrites sous la tente, sur les genoux, au hasard de la pensée, parmi le mouvement d'un camp et des préoccupations constantes ».

Pauvre, cher et regretté Palat! que notre souvenir aille te retrouver dans la patrie des nobles et généreuses natures que tu as conquis le droit d'habiter! Ta tâche est restée inachevée, mais ton exemple sera suivi. D'autres plus heureux iront peut-être jusqu'au terme du voyage. Mais nul n'y déploiera plus de courage, plus de dévouement, plus d'abnégation que tu n'en avais montré toi-même... Et c'est pourquoi, en présence des pages qui suivent, notes incomplètes tombées les dernières de ta plume, pensée suprême du voyageur vers la patrie lointaine; en présence de ta famille désolée; devant tes amis connus ou inconnus, camarades de l'armée ou confrères littéraires, nous te saluons, nous t'admirons et nous te regrettons.

Napoléon NEY.

LETTRES

Alger, 11 août 1885.

Mon cher Edmond,

Je t'écris à la hâte ; je pars demain pour Oran. J'ai dû rester quelque temps ici pour y puiser des renseignements que j'ai eus très complets, puis pour recruter mon compagnon de route, Hassen-ben-Mohammed, mon ancien ordonnance.

J'ai eu aussi un bobo au doigt, qui m'a un peu empêché d'écrire ; mais cela va très bien.

Hassen est cette ordonnance, valet de chambre, parlant toutes les langues et faisant toutes les cuisines, que j'avais aux spahis. Je le crois très précieux.

Il me rejoindra à Saïda, d'où je partirai à la fin du mois.

Alger est une drôle de ville, toute en échelles. On appelle cela un petit Paris... en Algérie. Il y a quatre ou cinq rues assez belles, un jardin d'essai splendide, avec allées de bambous, de palmiers et de platanes, le tout à 30 mètres de haut, 80 autruches qui rapportent et une foule de plantes et d'arbrisseaux aussi suaves qu'ils me sont inconnus.

Certaines rues ont au moins 500 marches (sans exagération), 2 mètres au plus de largeur (les maisons se touchent ou sont au premier étage à 20 centimètres de distance) et sales à proportion.

Très chaud et humide.

On ne fait rien et on ruisselle; je m'en moque, mais ce doit être pénible à la fin.

Bon accueil du gouverneur civil. Les journaux ont tous parlé du lieutenant Palat. Ils parlent maintenant avec éloge de Marcel Frescaly et de son roman du *Gil-Blas*. Je lis ce dernier. Il m'intéresse assez.

Je m'arrête ici. Je vous écrirai plus à loisir à Saïda.

Envoie, je te prie, cette lettre un peu incohérente à mes parents.

Saïda, 17 août.

Mes chers parents,

Je suis resté quelque temps sans vous écrire. N'en imputez pas trop la faute à ma paresse : le lendemain de mon arrivée à Alger, je me suis démis l'annulaire de la main droite en glissant sur un rocher, aux bains de mer. Je me le suis remis; je suis revenu à la nage; j'ai été voir un médecin : — « Qui vous l'a arrangé? » — « Moi. » — « Mes compliments ». Ça m'a fait un peu souffrir, mais maintenant c'est fini.

Le gouverneur m'a donné une lettre pour toutes les autorités, de quelque race et de quelque nature qu'elles soient. Je pense que cela me servira. J'ai également obtenu une feuille de route et *un très bon accueil à Alger*.

En route, je me suis arrêté à la Chiffa pour y voir les célèbres gorges et le ruisseau des singes. De ceux-ci, je n'ai aperçu qu'un échantillon, enchaîné. Je crois au fond qu'il n'y en a que dans l'imagination des gens du pays. — La contrée est splendide, boisée et arrosée : on se croirait dans les Pyrénées.

Tout le long de la voie, on constate les progrès faits par les Algériens. Partout la vigne se montre et progresse : partout aussi de petits bois d'eucalyptus, embryon des forêts futures.

Il fait assez chaud. Tout le monde se plaint, mais dans l'intérieur, c'est plus supportable que sur les côtes, où la chaleur est humide et où l'on ne fait que transpirer. Ici, dans la journée, nous avons de 34 à 35 degrés.

J'ai fait deux fois déjà de la photographie : deux horreurs ; mais j'ai de la patience, quoique en dise ma mère, et je ne me rebute pas pour si peu.

J'ai reçu une excellente lettre d'Hachemy, j'ai vu aussi à Perregaux un officier indigène, Mammar Ould Malmoun qui m'a raconté combien on causait ici de mes livres et de mon voyage.

Je ne partirai sans doute pas avant le 1er pour Géryville. Si vous voulez m'écrire en attendant, je vous en remercie d'avance.

Reçu la lettre de mon père datée de Saint-Quay.

Je vous embrasse tendrement.

Oran, samedi.

Mes chers parents,

Vous devez vous demander, en voyant le lieu de départ de cette lettre, si je ne vais pas à la façon des écrevisses : rien ne s'opposerait alors à ce que je fusse à Paris d'ici un mois. Rassurez-vous. J'ai dû venir à Oran pour faire différents achats et voir le général. Je suis aussi à la recherche d'un compagnon de route, Hassin étant tombé malade gravement et me faisant faux bond. J'espère en avoir trouvé un autre dans de bonnes conditions.

Dans les derniers jours passés à Saïda, j'ai fait de la photographie et cela marchait assez bien. Je suis content.

J'ai reçu la très intéressante lettre de ma mère. J'ai pris le plus grand plaisir à la lire et je l'exhorte à m'écrire encore. Je ne quitterai sans doute Saïda que de lundi en huit.

J'ai trouvé l'Algérie excessivement changée. Les cultures, la vigne surtout, s'étendent de tous côtés. Les villes s'accroissent énormément. Oran a 60 000 habitants; à Saïda, on construit à force. Il y a plusieurs rues en plus. En même temps, la population s'unifie davantage. Des Arabes s'habillent à l'européenne : beaucoup d'hommes ont la blouse et le pantalon bleus des paysans français. Enfin, il y a beaucoup d'Espagnols qui parlent français : presque tous les petits enfants entre autres. La cause du progrès triomphe. D'ici vingt ans, l'Algérie comptera un million de Français et pourra en nourrir vingt millions. La semaine dernière, on a expédié de Philippeville 150 000 moutons pour la France.

Au revoir, mes chers parents, et bon courage. Ce n'est pas la mer à boire ce que je vais faire. J'espère que tout marchera comme sur des roulettes. Ne vous préoccupez que du veau gras.

Je vous embrasse de tout cœur.

Géryville, 30 septembre 1885.

Mon cher Edmond,

Je suis resté bien longtemps sans vous écrire; c'est que j'ai été pincé par la fièvre à Saïda. D'abord urticaire, à la suite de contrariétés, elle est devenue intermittente et je n'ai pu m'en débarrasser qu'à force de repos et de quinine. Je suis arrivé ici il y a deux jours. Le ciel te préserve de la voiture de Géryville! Deux jours de cahots dans le plus laid paysage du monde, fatigant moralement autant que physiquement.

J'ai été reconnu, embrassé, hébergé par Si Hamza, qui veut bien m'accompagner à In-Salah. Il ne manque plus que la permission du gouverneur. Je vais la demander.

Cette chère administration militaire vient de se livrer à une jolie chinoiserie à mon égard. J'avais demandé 3 chameaux comme moyen de transport à Saïda — faute d'autres. — *Le général commandant la subdvision, apprenant le fait, donne l'ordre de surseoir à la livraison des 3 animaux, me fait attendre 6 jours et enfin... refuse.*

— Pas de précédents. — Pourtant on a toujours accordé cela aux officiers, voire aux avocats ou aux ingénieurs de passage. J'ai avisé le gouverneur, mais en attendant la casse, j'ai dû venir ici, acheter des chameaux, louer des chameliers et envoyer le tout à Saïda chercher mes bagages.

Total 8 jours perdus.

J'ai trouvé Géryville agrandi et un peu embelli. Ce n'est pourtant pas le pays de mes rêves. Je partirai sans doute lundi prochain pour Brézina et de là pour Hassi-bou-Zeid près des Areg. C'est là que je dois trouver mon futur protecteur, le farouche Si-Kaddour qui, malgré son titre de khelifa et 15 000 francs d'appointements, n'a pu encore se décider à venir sur le territoire français.

Ce doit être une figure originale. Mon convoi sera probablement composé de la manière suivante :

    3 chameaux pour bagages.
    2 chameaux pour les chaouchs.
    1 mehari sellé pour moi.

Ce que cela va être drôle !

Reçu deux lettres amicales de M. Ney. La dernière m'annonce l'arrivée d'une lettre de recommandation pour la confrérie des Tedjine.

C'est une bonne affaire.

Je suis devenu très fort en photographie. J'ai pris dernièrement 2 vues de la cascade de Tifrit :

une rivière qui cheoit de 150 mètres de haut dans un fouillis de verdure.

C'est une merveille.

Au revoir, mon cher Emond.

Pardonne-moi ma négligence. Quand je pourrai écrire je ne t'oublierai pas. Envoie cette lettre à nos parents.

Je reçois ta lettre à l'instant et je te présente mes excuses les plus plates. Je n'ai absolument rien contre toi. Tu as été le plus parfait et le plus excellent de tous les frères. C'est moi qui suis d'une négligence atroce.

Trouvé tronc d'arbre fossile à Franchetti et silex taillés à Sfissifa.

Géryville, 1ᵉʳ octobre.

Mes chers parents,

La lettre que j'ai envoyée à Edmond par le dernier courrier a dû vous édifier sur les causes de mon silence. Je n'y reviens donc pas. Je m'occupe ici de mes derniers préparatifs. J'ai été très bien reçu par tous, surtout par le médecin en chef, géologue, qui m'a donné de beaux échantillons et m'a fait délivrer des médicaments à titre remboursable — grande économie. — Je suis toujours chez Si-Hamza. Il est parfait pour moi. Il veut bien m'accompagner à In-Salah, s'il a la permission du gouverneur.

Je l'ai demandée : on m'a répondu de m'adresser au général, ce qui, je le crains, me fera aboutir à un échec, étant donnée l'amabilité des militaires haut gradés à mon égard.

C'est bien dommage.
Si Hamza est décidément un type.
Il mange à la française, se moque des amulettes musulmanes et se fait prendre en grippe par ses coreligionnaires en buvant à leur barbe du vin et des liqueurs et en ne fréquentant presque que des officiers.
Les indigènes viennent pourtant lui baiser

respectueusement le bas du burnous, et lui se laisse faire avec le plus grand sérieux.

Ce matin, pendant que je dormais, il est parti pour la chasse et a tué un chacal, un lièvre et une outarde.

Tout cela, pourtant ne le satisfait pas. Il ne peut pas sentir son douar et en est presque toujours éloigné, et pourtant, il m'a déclaré maintes fois que Géryville est une prison.

Il ne rêve que Paris ou Oran. Il est bien apprivoisé, bien plus que l'agha Si-Eddin, son oncle.

Un dernier mot sur lui : souvent il se met en gommeux. Il faut voir la tête des Arabes qui le rencontrent.

J'ai trouvé Géryville un peu agrandi, un peu embelli. Mais que de choses à faire encore! La majorité de la garnison vit toujours sous la tente. Et la route de Géryville!

Une série de paysages mornes où l'on n'aperçoit aucun arbre, aucun être vivant.

J'ai revu la redoute de Sfissifa, maintenant appelée *les Saules*.

Figurez-vous une redoute entourée de sable fin dû à l'arrachement des joncs et de l'alfa, et qui menace d'engloutir la redoute. Tous les mois, on enlève ce sable, on le porte un peu plus loin, le vent arrive, le rapporte, et c'est à recommencer. Depuis trente ans que cela dure, on n'a pas encore songé à jeter ce sable dans les marais de Khadra, à 10 kilomètres de là.

J'ai trouvé là des silex taillés.

Il me tarde bien de me mettre en route. J'ai acheté aujourd'hui 4 chameaux pour près de 1000 francs et vais les envoyer à Saïda pour chercher mes bagages. Je pense pouvoir partir dans cinq jours. Cela me tarde beaucoup. Je voudrais bien savoir ce qu'il y a derrière le rideau.

Le traité d'astronomie que cherche mon père n'est pas à Paris, je l'ai emporté et il me sera je crois bien utile.

Que devient l'impression de — *Mariage d'Afrique?* — Si je ne me trompe, il a dû finir le 10 septembre. Par conséquent, il doit paraître d'ici un mois et demi. Je crois qu'il sera nécessaire de le rappeler à Charpentier.

Je vous prie de l'envoyer aussitôt que vous le pourrez à M. Ney. Je le lui ai promis.

Vous pouvez me répondre à Géryville ; cela suivra.

Géryville, 16 octobre, minuit.

Mes chers parents,

Deux mots seulement. Mes paquets sont faits.

Je pars demain à cinq heures, Si-Hamza me fera passer les lettres. Ainsi écrivez-moi même adresse.

Je suis en Arabe.

Drôle de tête.

Bon espoir. Il a neigé; mais il dégèle, ce qui me permet de partir.

Je vous embrasse tendrement ainsi qu'Edmond.

La suite prochainement.

Brézina, 24 octobre 1885.

Mon cher Edmond,

Je t'écris, confortablement installé sur le tapis qui me sert de table, de lit, de chaise, de canapé, etc.

Je suis coiffé d'une gamelle à voiles blancs et entortillé dans une foule de linges qui constituent le costume arabe.

Pour être joli, je ne suis pas joli.

Mes chaouchs m'assurent que je ressemble à un Arabe, et ils croient me faire un compliment...

Quoi qu'il en soit, je suis mon petit bonhomme de chemin, pas vite, malheureusement. J'ai dû augmenter ma caravane.

Actuellement elle se compose de :

6 chameaux,
1 mehari,
1 cheval, } à moi;
2 chaouhcs,
1 chamelier,

1 guide,
1 mkani (guerrier).

Plus Si-Bel-Arbi-Ould-bou-Beker, avec 2 compagnons, 2 chevaux et 3 chameaux, plus 1 mehari et 1 autre chameau.

Total : 9 hommes, 2 mehara, 3 chevaux et 10 chameaux.

Tout cela me coûte les yeux de la tête, mais je compte m'en débarrasser au Gourara, où je serai dans une quinzaine de jours.

Une nouvelle oscillation de la politique des Oulad-Sidi-Cheikh veut que je ne passe pas par In-Salah et que je me dirige tout droit sur Tombouctou.

Moi, ça m'est égal. Nous verrons ce que cela deviendra. Je crois pourtant que cela marchera.

Brézina est une toute petite oasis, la première de la province. Tous ses habitants me disent : *Sahara bono!* Ils ont un singulier amour pour leur désert.

D'ici, on aperçoit des gour, sorte de montagne, et le sable commence. Je pars demain pour le douar de Si-Kaddour ; je mettrai cinq jours pour y aller. J'y resterai deux ou trois jours, puis je prendrai le train pour le Gourara.

J'ai été médecin, aujourd'hui : trois consultations, rien que cela. Je prends mon métier au sérieux.

J'ai fait de la photographie. Quatre ou cinq sont ratées, mais je pourrai les utiliser pour le dessin. Je pense pouvoir en envoyer sept ou huit à l'*Illustration*.

Brézina, en particulier, est bien; je les enverrai de chez Si-Kaddour.

La minéralogie va bien. Très beaux échantillons de gypse, silex et carbonate de chaux. Je collectionne aussi quelques plantes et insectes. C'est demain que je commence ma carte. Cela n'a d'utilité qu'à partir de maintenant.

J'ai tué avant-hier une perdrix et hier un étourneau, plus un petit oiseau noir et blanc que j'ai préparé.

Visité aussi une grotte superbe à ossements.

Demain, je visiterai une soi-disant mine d'argent, inconnue de la plupart. Elle est un peu sur mon chemin.

Beau temps, un peu chaud.

Pourtant, pluie de temps à autre, ce qui ne laisse pas d'être désagréable quand on est sous la tente.

Tous les jours, je mange à la mode arabe : ce serait parfait si les convives ne mangeaient pas dans le même plat et ne changeaient de cuiller avec une déplorable facilité. Je bois un verre de vin chaque dimanche; c'est rudement bon.

Je me porte bien, écris-moi toujours à Géryville.

Trouvé à Géryville beaucoup de fossiles : des pinnoé, térébratules, ostrœæ, etc., et un oursin!

Trouvé aussi gisement armes préhistoriques auprès d'ici. Plus belles que celles de Tunisie.

Si-Bel-Arby est le frère de Si-Kaddour et de l'agha de Géryville.

Hassi-bou-Zed, 31 octobre.

Mes chers parents,

Je suis arrivé chez Si-Kaddour, qui va me faire accompagner au Gourara. Ma santé est parfaite, ma bonne humeur aussi, comme en témoignera la copie ci-jointe d'une lettre écrite par moi ici.

J'ai bon espoir pour le succès de mon voyage. Je partirai dans deux ou trois jours pour le Gourara.

Demain, je commencerai à écrire la première partie de mon voyage, que je vous enverrai du Gourara par Si-Bel-Arby, frère de l'agha, qui m'accompagnera jusque-là.

Dans la prochaine lettre se trouveront des photographies que je vous prie de communiquer à l'*Illustration* avec le texte ci-joint. Je vous enverrai aussi un répertoire pour dépêches chiffrées. Cela pourra servir à mon arrivée au Sénégal. Un groupe de cinq chiffres compte pour un mot; or cela vaut 2 fr. 50 au Sénégal. C'est à prendre en considération.

Mes collections d'herbes, d'insectes et de pierres augmentent peu à peu. Je pense qu'il y en aura d'*inédits*.

J'ai tué déjà un étourneau, deux perdrix et un

oiseau bizarre. Je finirai par devenir un chasseur émérite.

Mangé du *debl*, le lézard épineux comme celui qui est à la maison.

Pas mauvais, sent le poisson.

Je vous écrirai encore une fois d'ici, puis ce sera fini jusqu'au Gourara, c'est-à-dire environ deux mois. Ne vous inquiétez pas.

Je vous embrasse tendrement.

Prière d'acheter un beau Coran arabe, cela vaut une vingtaine de francs, et de l'envoyer recommandé à Si-Kaddour-Ould-Hamza, khelifa du cercle de Géryville. Je le lui ai promis[1].

---

1. Le Coran a été envoyé à Si-Kaddour le 17 novembre.

El-Goléa, 9 novembre.

Mes chers parents,

Je suis arrivé ici depuis hier. Drôle d'endroit : une petite vieille ville féodale abandonnée, escaladant une colline, de petits jardins de palmiers encadrant des maisons de boue : voilà le bilan. Pas trop tôt, pourtant, après cinq jours de traversée de dunes de sable. Je vais rester ici une huitaine de jours, à attendre Si-Kaddour, puis nous partirons ensemble pour le Gourara, qui n'est qu'à sept jours d'ici.

J'abrège, pour faire partir ceci par le courrier. J'écrirai plus longuement dans cinq ou six jours.

Je me porte bien et vous embrasse tendrement.

El-Goléa, 17 novembre.

Mon cher Edmond,

Je suis encore à El-Goléa. — Drôle de ville où l'esclavage est florissant et qui se trouve isolée à 300 kilomètres du M'zab et à la même distance du Gourara, je m'y suis rencontré avec le commandant supérieur de Gardaïa, venu je crois pour étudier un plan d'occupation de la ville. *Je lui ai fait une visite, et il a eu la bonté de ne pas me mettre à la porte — mais c'est tout. Je ne sais pourquoi il m'a fait un si mauvais accueil : le caïd, poussé, dit-on, par lui, a essayé de faire le vide autour de moi.* Ça n'a pas pris. Les Oulad-Sidi-Cheikh qui ont quatre-vingts tentes ici m'ont traité en frère ! Le commandant en même temps (au bout de trois jours) m'a écrit pour me faire ses offres de service : bureau arabe en plein. Je l'ai remercié et me ris de toute cette comédie. Je pense pouvoir donner de ses nouvelles dans quelque temps.

Tu te demandes ce que je fais ici. J'attends Si-Kaddour qui doit aller au Gourara avec moi.

Les nouvelles sont bonnes. Les Touaregs ont écrit trois lettres cette année à Si-Kaddour pour demander à conclure un traité avec les Français.

(Ceci très entre nous : pourra être utilisé). Enfin, j'ai interrogé un esclave qui arrive de Tombouctou : Si-El-Hadj est de retour depuis six mois; le commerce est libre tout le long du Niger et sur le fleuve même.

Je profite de ce répit pour mettre en ordre mes notes, collectionner et faire de la photographie. Malheureusement les ingrédients menacent de manquer. Je ferai du dessin quand il n'y en aura plus.

Presque tous les Châamba d'ici ont plus ou moins combattu de Touaregs. Hier, j'ai assisté à une fantasia où figuraient deux beaux brigands vêtus des habillements de Touaregs tués par eux; l'un d'eux était d'un beau rouge, flamboyant au soleil, superbe. Tout ce monde-là fait un peu cultiver par ses nègres les dattiers et très peu d'orge. Pour le reste de leur nourriture, ils chassent la gazelle ou récoltent dans les dunes des teurfass, énormes truffes blanches qui sentent l'oignon brûlé, et le *foul*, espèce d'avoine sauvage à grains imperceptibles, mais de très bon goût. En dehors de la chasse ou de la guerre, ils ne font rien et meurent de faim.

Moi je mange du couscouss à la gazelle le matin et le soir : le cristal d'une fontaine suffit à apaiser ma soif. Chose horrible! j'engraisse à ce régime frugal. — Je cours pourtant les champs

— hum! c'est une façon de parler! — les sables plutôt, du matin au soir. J'ai déjà un herbier présentable et, quant aux fossiles, j'en regorge. J'en ai trouvé plus de vingt espèces ici, et j'espère que ce n'est pas fini. Du Gourara j'enverrai cela en Algérie où j'en ai déjà envoyé deux caisses. Sans cela, je ne pourrais jamais arriver.

Je t'enverrai prochainement une carte du pays, que j'ai fait de mon mieux.

Depuis que je suis ici, j'habite une petite maison de terre et je peux me déshabiller pour dormir. C'est rudement bon.

Il y a, paraît-il, des changements prodigieux dans le M'zab depuis l'occupation française. Je te le conterai quelque jour, ainsi qu'une fausse alerte que j'ai eue ici.

As-tu besoin d'une bonne? une négresse coûte ici trois cents francs.

Je t'embrasse ainsi que ta femme et tes filles.

Je t'écrirai de Gourara. Pas de nouvelles de France depuis plus d'un mois.

El-Goléa, 18 novembre.

Mes chers parents,

Je vous adresse ci-joint quelques photographies et un dessin pour l'*Illustration*. Pour les explications, vous pourriez revoir le texte : j'ai un peu perdu l'usage de la langue française. J'ai appris aujourd'hui qu'une caravane se formait à Aoulef pour partir dans vingt-trois jours d'ici. Je la prendrai sans doute. Je crois que ce sera facile... relativement.

S'il plaît à Allah, je serai à Tombouctou vers le 10 janvier.

En même temps qu'à vous, j'écris à Edmond une longue lettre qu'il vous fera parvenir. Je vous enverrai prochainement ma correspondance pour la *Nouvelle revue*.

Prière faire ressortir auprès de l'*Illustration* que la route de Géryville à El-Goléa est inédite. J'ai été le premier à la parcourir : de même pour d'El-Goléa au Gourara.

Je me porte admirablement. Je supplie ma mère de ne pas se faire trop de mauvais sang, et de bien penser que je ne m'en fais pas, excepté quand j'attends vainement de vos nouvelles, comme maintenant. Voilà un mois que je n'en ai pas reçu.

J'ai retrouvé ici, de passage, Debect, mon sous-officier. En voilà un hasard!

Je vous embrasse tendrement.

INTRODUCTION

LE ROLE DE LA FRANCE DANS LE SAHARA ET LE SOUDAN

I

Peu de contrées ont contribué autant que le Soudan à valoir à l'Afrique le surnom de continent mystérieux. Pendant longtemps, il n'a été connu que par les récits merveilleux de Léon l'Africain et de Mohammed-ben-Ali-ben-Foul, ou par les légendes d'aventuriers européens qui, à l'instar du bon Jehan de Mandeville, y avaient trouvé des peuples monopodes, adroits à se servir de leur pied unique en guise de parasol, aux heures de chaleur extrême. Les Maures, qui y allaient commercer et en revenaient après fortune faite, comme les Hollandais dans les Indes, l'entouraient d'une auréole de merveilleux, tout en exagérant les dangers qu'il fallait braver pour y arriver. Ils le représentaient comme un pays étrange, d'une étonnante fertilité, regorgeant d'or et d'ivoire, un pays où il suffisait d'aller pour faire fortune, si bien qu'un proverbe d'une forme vulgaire, mais bien énergique, prit cours dans l'Afrique septentrionale :

Contre la gale, le goudron ;
Contre la misère, le Soudan.

Mais d'abord, pourquoi ce nom de Soudan, et à quelle région faut-il l'appliquer?

Le nom de Soudan vient du mot arabe *Souda,* qui veut dire : noir. Le Soudan est donc la partie du pays des nègres connue des voyageurs arabes. Il comprend, en laissant à l'écart la Sénégambie, — on ne sait trop pourquoi, mais la géographie a de ces caprices, — les bassins du haut Sénégal, du Niger, des affluents du lac Tchad et du haut Nil. C'est une région très vaste, habitée par une quarantaine de millions d'habitants de races très différentes et le plus souvent juxtaposées. Aux populations nègres proprement dites (Ouolofs, Nalous, Laudoumans, Mandingues, Bambaras, etc.), se sont mêlés des courants d'émigration de race blanche, comme les Arabes et les Berbères, de race rouge, comme les Peulhs, venus d'Égypte.

Géographiquement, le Soudan peut se partager en trois grandes régions : le

Soudan oriental, dans le bassin du haut Nil, dominé jusque dans ces derniers temps par l'Égypte et servant actuellement de théâtre à un mouvement religieux et politique dont il est impossible de prévoir les résultats ; le Soudan central, comprenant les affluents du Tchad et du bas Niger, avec les États indépendants de Bornou, Baghirmi, Ouadaï, Adamaoua, Sokoto, etc., sur lesquels l'influence anglaise a vainement cherché à s'établir ; enfin, le Soudan occidental, dans les bassins du haut Sénégal et du Niger supérieur, avec les royaumes de Tombouctou, de Segou, de Macina, d'Ouangara et les territoires soumis plus ou moins directement à la France : le Fouta-Diallon, le Bambouk et les postes de Médine, Khayes, Bafoulabé, Kita, Kondou, Niagassola et Bamakou, celui-ci sur le Niger. C'est de cette dernière partie du

Soudan que nous nous occuperons plus spécialement dans cette étude.

Pendant longtemps, les seules relations entretenues avec les nègres par les Européens consistèrent dans l'horrible traite qui enlevait chaque année des milliers d'esclaves au continent africain. De là tant de contes absurdes qui circulèrent et circulent encore sur le compte des blancs, et que nous aurons bien du mal à réfuter. La Révolution française, en proclamant l'égalité des races d'hommes, détermina un mouvement généreux auquel s'associèrent successivement presque toutes les nations civilisées, mais principalement l'Angleterre, dès qu'elle vit dans l'abolition de l'esclavage une cause de ruine pour nos colonies. La traite se restreignit, et l'on cessa de considérer les populations noires comme un vil bétail dont il était permis de s'emparer par tous les moyens. Les voyageurs virent en elles des hommes ignorants et d'intelligence inférieure, il est vrai, mais non les brutes cruelles qu'ils se figuraient. Un à un disparurent les voiles qui nous cachaient le Soudan. A mesure que l'on opérait de nouvelles découvertes, le merveilleux s'effaçait pour faire place à des connaissances plus exactes, mais presque aussi étonnantes. On ne croyait plus que le Niger allait se jeter dans le Nil, ni que la population de Tombouctou atteignait, suivant les évaluations les plus modérées, 100 000 habitants (Walckenaër), ni qu'il pouvait exister des hommes monopodes; mais on trouvait sur les rives du haut Niger des arbres sauvages produisant en abondance un beurre (le karité) comparable au nôtre, et dans le Bambouk et le Bouré des gîtes aurifères qui ne le cédaient en rien aux placers les plus riches de l'Australie. Tombouctou n'était plus « la ville la plus grande que Dieu eût créée » (Mohammed-ben-Ali-ben-Foul), mais une cité commerçante où l'ivoire vaut 4 francs le kilogramme et l'or 1 fr. 70 c. le gramme, tandis qu'au contraire le sel, le café et les marchandises européennes y atteignent une valeur considérable.

II

Tous les voyageurs qui ont parcouru le Soudan en ont vanté la fertilité, la richesse : Caillié, Barth, le docteur Nachtigal, le commandant Gallieni, entrent dans de minutieux détails à ce sujet. « On ne s'étonne pas, dit le commandant Gallieni, du renom de richesse que possède, parmi les indigènes de ces contrées, la vallée du haut Niger. Quel magnifique domaine agricole et commercial pour la nation européenne qui parviendrait à s'établir sur ce beau cours d'eau et à mettre en œuvre, non seulement cette terre féconde et propre à recevoir des cultures aussi diverses, mais encore les immenses richesses métallurgiques des contrées voisines du Bouré, du Sankaran et du Ouassoulou. »

D'après le docteur Barth, le pays situé au sud du lac Tchad est « l'une des régions les plus fertiles et les mieux arrosées non seulement de ce continent, mais encore du monde entier ». Caillié dit aussi du Fouta-Diallon : « Je contemplais avec admiration cette belle et riante campagne ; quoique hérissée de hautes montagnes, elle est de la plus grande fertilité et arrosée par une infinité de petits ruisseaux qui en entretiennent constamment la verdure.... Ce beau pays semble favorisé par la nature. »

Il faut, en effet, considérer cette contrée des légendes, la contrée de l'or, de l'ivoire et des plumes d'autruches, comme produisant des richesses naturelles peut-être encore plus considérables. Les deux espèces d'arbres à beurre appelées *cé* et *taman* croissent en abondance le long des ruisseaux. « Ils sont très communs dans tout le sud, dit Caillié : le produit qu'on en retire peut se conserver deux ans sans se gâter. » La gomme, l'indigo, le coton, sont également produits par des arbustes sauvages, le tabac, les ignames, le riz, les arachides, le mil, qui peut fournir 64 pour 100 de son poids d'alcool, y croissent en abondance pour peu qu'on les cultive. « Il suffit, dit le docteur Colin, de voir les résultats qu'obtiennent les indigènes avec leurs moyens de culture très imparfaits, pour affirmer que ce n'est pas là une terre stérile, et que pour en tirer des merveilles il n'y a qu'à s'en occuper un peu. » L'usage de la charrue est, en effet, inconnu des nègres ; ils se contentent de gratter le sol et d'y semer tant bien que mal ce dont ils ont besoin.

Bien des causes ont empêché jusqu'à présent le Soudan d'acquérir la cohésion et la prospérité auxquelles il semble qu'il ait droit. La plus grande, à notre avis, est son morcellement en une infinité de petits États, groupés au hasard des races, des religions ou des fluctuations produites par des migrations de peuples. Souvent ils sont en guerre les uns contre les autres;

et quelle guerre ! des embuscades, des pillages, des tueries, rendant impossible le passage des caravanes, anéantissant le commerce, les richesses d'un pays, brûlant les récoltes et les villages, réduisant en esclavage les populations échappées aux massacres. Quand, au contraire, ces États minuscules sont en paix, les entraves mises au commerce se trouvent presque partout les mêmes : les *palabres* interminables, les contributions exigées à chaque village élèvent rapidement le prix des marchandises. Dans les pays infestés par les Touaregs, c'est bien pis. Chacun de ces pillards se croit en droit de prendre ce qui lui convient dans le chargement des caravanes. Certains chefs nègres sont encore plus exclusifs. Tidiani, roi de Macina, confisque toutes les marchandises qui passent à sa portée. C'est l'état de choses qui existait en Europe au bon temps de la féodalité.

Dans ces conditions déplorables, le nègre compte peu sur le commerce pour se débarrasser de l'excédent de ses récoltes; il s'abstient d'amasser des richesses qui pourraient tenter ses chefs ou ses ennemis, — l'un est presque l'équivalent de l'autre, malheureusement ; — il sème tout juste la quantité de mil nécessaire à sa nourriture et vit derrière ses murailles de terre à la façon des bêtes fauves traquées par les chasseurs. Vienne une sécheresse, il sera forcé, pour prolonger sa misérable existence, de manger les fourmis-riz du Sénégal, des graines ou des racines sauvages, voire même les souris pilées et décomposées, pour qui Caillé montrait tant de répugnance. Les Maures Braknas, au rapport du même voyageur, ne faisaient qu'un repas par jour, composé exclusivement de laitage, et cela vers onze heures du soir. Et combien d'existences humaines fauchées dans ces famines soudaines et en apparence inexplicables !

A tous ces maux il existe un remède bien simple. Qu'une puissance européenne vienne s'établir dans ces parages, qu'elle y implante non pas ses usages et ses lois, qui ne conviendraient point au pays, mais une sage tolérance et une administration intègre ; qu'elle montre aux noirs les avantages pouvant résulter d'une paix durable, d'un commerce bien organisé et de la suppression des multiples tyranneaux qui les exploitent et les oppriment, et les indigènes ne regretteront pas l'état de choses actuel. La prospérité renaîtra ; les nègres renonceront à cet horrible trafic d'esclaves qui se tourne le plus souvent contre ses auteurs; les pays ravagés se repeupleront; on verra des villages nouveaux s'élever de tous côtés et de nombreuses caravanes sillonner comme autrefois la contrée, pour en exporter les richesses et les remplacer par d'autres, venues du dehors.

Ceci exposé, il n'est pas étonnant que plusieurs gouvernements européens aient cherché à faire explorer le Soudan et à nouer avec lui des relations commerciales. Bien des expéditions ont été faites dans ce but : la plupart, malheureusement, n'ont servi qu'à grossir le martyrologe africain. Les plus célèbres, outre celles dont nous avons parlé, sont celles des voyageurs : Mungo-Park, le major Denham, le capitaine Clapperton, Lander, le navire anglais *la Pléiade*, le major Laing, Vogel, von Beurmann, de Heuglin, Mage, Dourneaux-Duperré, le colonel Flatters, le docteur Lenz, et en dernier lieu l'Italien Buonfanti. L'insuccès des plus anciennes est dû surtout à ce que les explorateurs, partis de comptoirs situés sur la côte, ont dû se traîner longtemps à travers ces marigots insalubres avant d'entrer dans la zone des découvertes. A présent, les conditions deviennent tout autres, et sans les faire meilleures qu'elles ne sont, on peut dire qu'elles sont dégagées de beaucoup de leurs difficultés.

Les possessions européennes s'avancent à une assez grande profondeur dans l'intérieur de l'Afrique pour assurer aux voyageurs une base solide, un point de départ relativement salubre avant de s'enfoncer dans l'inconnu. Les populations sont aussi devenues moins farouches; l'exemple des Européens leur a enseigné la tolérance. Le

Fouta-Diallon, si fanatique au temps de Caillié, a bien accueilli les ambassadeurs de la France et s'est placé sous le protectorat de celle-ci. Un fait presque aussi concluant vient de se passer. Tombouctou, la ville sainte et intolérante, a envoyé un de ses notables à Paris. On peut donc en déduire qu'à moins de blesser le patriotisme d'un pays, comme a fait le colonel Flatters en s'aventurant avec une troupe armée dans le plateau du Ahaggar, refuge séculaire des Touaregs, ou de soulever contre soi la haine d'une puissante confrérie religieuse, comme Dourneaux-Duperré, le voyageur blanc ne court dans le Sahara et le Soudan d'autre risque que celui d'être dévalisé. Il y a en Europe beaucoup de pays dont on ne pourrait dire autant.

En parcourant la liste de ces explorations, on constate que deux gouvernements, l'Angleterre et la France, y ont pris surtout part; elles seules y ont du reste un intérêt immédiat. C'est l'Angleterre qui en a dirigé le plus grand nombre. Avec le sens excessivement pratique et le flair commercial qui la caractérisent, elle avait rapidement compris tous les avantages qu'elle retirerait du Soudan si elle arrivait à s'y implanter. Elle s'était imposé dans ce but des sacrifices extraordinaires; en 1827, Jomard constatait que, sur quarante-sept expéditions envoyées jusqu'alors dans le Takrour, on en comptait vingt-neuf anglaises, quinze françaises, deux américaines et une allemande; trois de ces entreprises, celles de Peddie, de Campbell, et de Tucken, avaient coûté en tout 18 millions de notre monnaie. Par ses établissements de Sierra-Leone, de la

Gambie et du cap Bojador, l'Angleterre cherche encore des débouchés à son activité commerciale. Ses efforts n'ont pas abouti jusqu'à présent dans le Soudan occidental, pas plus du reste que dans le Soudan oriental, sur lequel elle semblait s'être rejetée. En sera-t-il toujours de même, en ce moment surtout où toutes les puissances européennes semblent en proie à une fièvre coloniale, qui agite même les gouvernements les plus rebelles jusqu'ici à ces sortes de maladies? Nous n'oserions l'affirmer.

III

La France, qui ne vient qu'au second rang par ses explorations en Afrique, occupe cependant en ces contrées une situation privilégiée. Le Sénégal et l'Algérie sont les possessions européennes les plus rapprochées des artères commerciales qui alimentent le Soudan. Cependant, il y a soixante ans, la France comptait à peine en Afrique. Les comptoirs qu'elle y avait fondés, la première de toutes, étaient en décadence; l'indifférence du gouvernement succédant aux guerres continentales du premier Empire, achevait de désintéresser la nation des entreprises lointaines.

La Restauration faisait de maigres tentatives pour rendre à la France l'influence qu'elle avait perdue en Sénégambie. Heureusement survint l'incident d'Alger, qui nous donna une large part d'influence dans l'Afrique septentrionale. Peu à peu se fit la conquête de l'Algérie ; peu à peu aussi nous nous rapprochâmes du Sahara et des routes qui mènent au Soudan. Notre dernière étape dans cette voie a été le M'zab, réuni il y a deux ans à l'Algérie, en même temps que la conquête de la Tunisie rapprochait Tuggurt et Ouargla des ports français, et que nos chemins de fer, partis du Tell, escaladaient les Hauts-Plateaux, et s'avançaient dans la direction du désert. On peut, dès à présent, envisager le moment où, en dépit de nos géographes qui accordent généreusement au Maroc les oasis du Touât et du Gourara, bien qu'elles n'aient jamais vu dans le sultan de Fez qu'une sorte de pape, la France assoira fortement son influence dans ces deux territoires et annihilera ainsi l'importance de Ghadamès : fait capital, surtout si une puissance européenne s'emparait de la Tripolitaine et cherchait à accaparer à notre détriment le commerce du pays des Noirs.

IV

Du côté du Sénégal, les progrès de la France ont été bien moins rapides : les fluctuations de notre politique coloniale en ont été les principales causes. La ville de Saint-Louis, fondée il y a trois siècles et demi, ne fut pendant longtemps qu'une sorte d'entrepôt où l'on échangeait les esclaves et la gomme contre les marchandises françaises. D'autres comptoirs, placés sur la côte, drainèrent de leur mieux les richesses du Soudan ; mais au prix de quels sacrifices ! L'insalubrité de ces postes faisait rapidement diminuer le nombre des marchands venus si loin dans le but d'y chercher fortune. Pour commercer dans l'intérieur, les négociants devaient se soumettre à des conditions humiliantes, trafiquer seulement à des époqueset sur des marchés déterminés, se servir de noirs ou de mulâtres appelés *traitants*, payer des contributions à chaque village, nourrir tous les Maures qui se présentaient. Au temps de Caillié, chaque navire remontant le Sénégal pour acheter de la gomme payait jusqu'à 2000 francs aux chefs berbères de la rive droite du fleuve. Quelques postes (Podor, Saint-Joseph et Saint-Pierre) avaient été construits dans l'intérieur du pays; mais ils ne suffisaient pas à garantir de toute insulte les négociants français.

Sous la Restauration, le gouvernement, poussé par la nécessité de créer des débouchés au commerce, songea à agrandir nos possessions du Sénégal, pour remplacer en partie celles que nous avions perdues. Sous cette inspiration, on créa les forts de Dagana et de Bakel; on tenta même des essais de colonisation, dont Richard-Toll (le jardin de Richard) est seul le témoignage. Mais la sécurité ne fut pas plus grande. Les roitelets nègres, habitués à recevoir des coutumes, c'est-à-dire à voir solder par nous, et fort cher, la liberté de trafiquer dans leur pays, ne nous considéraient que comme les locataires de l'îlot de Saint-Louis et ne se faisaient pas faute de piller nos marchandises et de s'approprier les navires échoués près de leur territoire.

Cette singulière situation se prolongea pendant la monarchie de Juillet; les efforts du gouvernement étaient concentrés sur l'Algérie et empêchaient de songer au Sénégal; les essais de colonisation furent abandonnés; les forts nouvellement construits, délaissés; des traités humiliants, conclus.

Ce ne fut qu'en 1854 qu'on songea à prendre, dans cette partie de l'Afrique, une attitude plus digne de la France. Podor fut relevé, les coutumes supprimées, le Dimar châtié. Mais ce fut sous le gouvernement du colonel Faidherbe que les plus grands progrès furent accomplis. Après avoir refoulé les Maures sur la rive droite du Sénégal, écrasé les Toucouleurs d'El-Hadj-Omar et réuni au territoire français le Dimar et le Oualo, il créa des postes à Médine, Saldé, Matam, Rufisque, Portudal, Joal, Kaolak, Nguiguis. En même temps, une sage administration créait des écoles, multipliait les explorations, changeait l'aspect de Saint-Louis, créait en un mot une colonie là où nous n'avions que des comptoirs. « Il faut, écrivait le colonel à Mage en 1868, que notre drapeau flotte à Bafoulabé d'ici à deux ans, et à Bammakou dans dix. » Ses successeurs, Pinet-Laprade et Jauréguiberry, réunirent le Cayor et le Toro au territoire colonial, créèrent le port de Dakar et les postes de Boké, Bofa et Benty dans ce qu'on appelle au Sénégal *le bas de la côte.*

Malheureusement, un nouveau gouverneur, le colonel Valière, survenu à la suite de la guerre franco-allemande, ne crut pas devoir continuer ces entreprises d'expansion territoriale et abandonna la plus grande partie du pays conquis péniblement par ses prédécesseurs. Ce fut là un funeste effet de cette politique capricieuse qui nous a fait envoyer au Sénégal huit gouverneurs en cinq ans (de 1880 à 1885). « Ils quittent souvent la colonie, a dit avec raison le général Faidherbe, sans avoir même eu le temps d'apprendre le nom des pays qu'ils ont à administrer. »

Ces fonctionnaires étant peu au fait des habitudes, des traditions, de la politique de la colonie placée sous leurs ordres, perdaient un temps précieux à se mettre au courant et quelquefois à contrecarrer les plans de leurs prédécesseurs. Pourtant ces fautes ne se renouvelèrent pas trop souvent depuis. M. Brière de l'Isle fut le digne continuateur du général Faidherbe. Il reprit les plans de celui-ci, fit étudier les projets du chemin de fer de Dakar à Saint-Louis (qui a été inauguré il y a quelques mois) et de Saint-Louis à Médine, et envoya à Ahmadou-Segou la mission du capitaine Gallieni. On connaît les résultats brillants de cette mission : le traité passé avec le sultan de Segou et plaçant sous le protectorat français le Niger depuis Bammakou jusqu'à Tombouctou. Cette convention eut pour conséquence l'établissement de nos postes du Soudan : Bafoulabé, Kita, Koundou, Niagassola, et enfin Bammakou, dont Caillié avait constaté l'importance. — « Il serait à désirer, écrivait-il, que l'on fît des tentatives pour y établir un comptoir ; ce poste rendrait maître du commerce de l'intérieur, en y attirant les richesses des mines d'or qui s'exportent en partie à Kakondi, Gambie et Sierra-Leone. » Le traité de Nango amena aussi le montage d'une canonnière sur le Niger et la construction d'un tronçon de chemin de fer Khayes à Badoumbé. De cette dernière opération nous ne parlerons pas : elle aurait pu être utile, voire même avantageuse ; elle a coûté fort cher et ne sert à peu près à rien ; voilà qui peut faire regretter de n'y avoir pas employé de spécialistes et surtout de n'avoir pas laissé à l'entreprise privée le soin de sa construction. L'État, surtout dans nos colonies, construit presque toujours mal et cher.

La création des postes dont nous avons parlé, l'établissement de la canonnière, malgré les frais qu'il a occasionnés (coût, 67 000 francs ; frais de transport de Médine à Bammakou, 116 000 francs), nous ont procuré une large part d'influence dans le Soudan occidental. C'est la nouvelle de notre marche en avant qui a décidé les habitants de Tombouctou à entrer en relations avec nous et à envoyer à Saint-Louis un ambassadeur : ce fait, qui a passé presque inaperçu au milieu des préoccupations politiques du moment, est selon nous de la plus haute importance.

V

Trois marchés importants correspondent en effet aux trois grandes divisions du Soudan : Khartoum, Aghadès et Tombouctou. Cette dernière ville est l'entrepôt du Soudan occidental, dont elle forme l'extrémité nord. C'est le point de passage indiqué des caravanes qui voudraient se rendre du Sénégal à l'Algérie. Très déchue de son importance à la suite des guerres soulevées entre ses voisins, le Macina, les Touaregs Aelimmiden et le sultan de Segou, tombée au point de n'avoir plus de relations ni avec le haut, ni avec le bas Niger, ayant vu sa population descendre à 20 000 âmes et son commerce à 26 000 tonnes, pillée par les Peulhs de Loud-Alissi, les Toucouleurs de

Tidiani, les Tademaket, les Songhous et les Zenafous, cette petite république marchande aspire à reprendre son antique importance, — nous ne disons pas son indépendance : elle n'en a jamais eu. Mais pour cela, il faudrait qu'une main énergique fît rentrer dans leurs limites les tribus pillardes des environs et leur inspirât un salutaire respect du commerce d'autrui.

Le voyageur autrichien Lenz, passant à Tombouctou en 1881, trouva cette ville tellement bloquée du côté du sud, « qu'il ne put se procurer la satisfaction de voir le Niger qui, comme on le sait, coule à deux ou trois lieues de la ville ». On ne voit plus, comme au temps de Caillié et comme il y a peu de temps encore, « des flottilles composées de 60 à 80 embarcations, toutes richement chargées de divers produits (60 à 80 tonneaux chacune), descendre le fleuve ». Tidiani et ses Toucouleurs fanatiques ont mis bon ordre à ce trafic. C'est tout au plus si, chaque année, il passe furtivement une cinquantaine de pirogues.

En constatant une pareille décadence, les habitants de Tombouctou ont fait le même raisonnement que Barth, lorsqu'il disait en 1854 : « Le commerce et la ville ne jouiront d'un peu de sécurité que lorsqu'une puissance civilisée aura établi son autorité sur le Niger. » C'est pour cela qu'ils auraient désiré une alliance étroite entre eux et la France. Il est regrettable dans ces conditions que notre gouvernement n'ait pas cru devoir envoyer à Tombouctou la mission que sollicitait cette ville. Un traité de commerce, un résident, quelques instructeurs chargés d'apprendre aux

Berbères de cette cité à réagir contre les pillards et à recouvrer leur ancienne puissance, voilà qui ne comportait pour ainsi dire aucune dépense et pouvait avoir de grands et féconds résultats. Notre négligence dans une semblable affaire peut avoir de déplorables conséquences : que Tombouctou s'adresse à une autre puissance européenne, et nous nous verrons enlever rapidement le fruit de tant de travaux ; le commerce du Soudan nous serait à jamais fermé.

VI

Nous avons exposé les efforts tentés jusqu'à présent par la France pour pénétrer dans le Soudan. En l'attaquant à la fois par le nord et par l'ouest, elle doit fatalement y asseoir son influence d'une manière avantageuse. Elle peut le faire sans dépenser les sommes considérables que nécessitent ordinairement les entreprises lointaines ; il y a beaucoup à créer, mais aussi beaucoup à réformer.

Du côté du Sénégal :

1° Asseoir solidement notre influence en revisant tous les traités que nous avons conclus avec les différents chefs nègres, de manière qu'on ne voie pas se représenter un fait extraordinaire qui s'est passé cette année et commence à nous susciter de graves difficultés : *cinquante-deux conventions de cette sorte annulées par de nouveaux accords, conclus cette fois avec l'Allemagne*. Il ne faut pas oublier que c'est la seconde de nos colonies où nos voisins s'insinuent de la sorte. Il existait déjà au Sénégal des enclaves anglaises et portugaises : s'il s'en ajoute d'allemandes, la position ne sera plus tenable.

2° Envoyer des résidents chez les populations qui ont accepté notre protectorat : par exemple, dans le Fouta-Diallon, qui se trouve dans cette situation depuis trois ans et ne voit toujours rien venir.

3° Mettre fin au roulement entre les compagnies d'infanterie de marine, qui, ne restant que trois ans au Sénégal, ne font rien pour améliorer les garnisons et tirer parti du pays.

Augmenter l'effectif de nos troupes, car il est impossible à six compagnies d'infanterie de marine, deux bataillons de tirailleurs sénégalais et un escadron de spahis, d'occuper d'une manière efficace trente-huit postes dispersés sur un territoire grand comme la France et peuplé d'environ deux millions d'habitants. Ce seront des frais considérables, dira-t-on. — Non, si l'on fait payer par la colonie les frais occasionnés par les nouvelles troupes, que l'on composera en grande partie de nègres et d'Arabes. Mais, pour ce faire, on devra modifier complètement le budget du Sénégal et organiser l'impôt de la même manière qu'en Algérie. Dans ce dernier pays, l'indigène paye environ 50 francs par an ; au Sénégal, il ne donne que 1 fr. 50 c., et encore compte-t-on beaucoup d'exemptions, puisque, pour 197,000 habitants immédiatement soumis à la France, l'impôt personnel des villages ne figurait au budget de 1884 que pour 62,000 francs. Il est vrai que, dans le même budget, le produit des taxes d'importation s'élevait à 1,050,697 francs et les indemnités consenties à vingt rois ou chefs, « pour droits à la sortie des gommes de leur territoire », à 68,195 fr. 66 c.! Dans tous les pays du monde, on voit les vaincus payer tribut aux vainqueurs; au Sénégal, c'est le contraire qui existe, et l'on s'étonne après cela du peu de considération que les chefs nègres ont pour nous! — Cette situation humiliante ne saurait durer, et nous ne pouvons tolérer que le budget du Sénégal soit alimenté pour la plus grande partie par des droits écrasants pesant sur notre commerce. Mais les réformes que nous indiquons ne pourront s'opérer que petit à petit, en profitant des moindres prétextes pour réunir les villages protégés au territoire colonial, et surtout en supprimant au fur et à mesure tous les tyranneaux qui exploitent les noirs, pour les remplacer par des chefs nommés par le gouverneur, ou même par des administrateurs français.

5° Développer la grande culture, et encourager la production du café, du mil, de la canne à sucre, de la cochenille et de l'arachide, qui réussissent admirablement au Sénégal.

6° Céder à des particuliers les mines d'or du Bambouk et du Bouré, celles de mercure du Bondou, celles d'argent du Bambouk, pour créer un mouvement d'immigration semblable à celui qui peupla l'Australie.

7° Accorder à la colonie plus de libertés et entre autres celle de la presse, qui n'existe pas jusqu'à présent.

8° Le chemin de fer de Khayes à Badoumbé est une mauvaise affaire ; qu'on la liquide. « Il n'y a plus qu'une chose à faire, dit le général Faidherbe : trouver une compagnie qui termine le chemin de fer à ses frais. On lui en laisserait l'exploitation ; on lui céderait gratis la partie terminée par l'État, et, en outre, des concessions de terrains aux gares, sur la ligne et sur les bords du Niger... Cette compagnie aurait ainsi de grandes facilités pour exploiter le commerce de la contrée ; elle aurait, à cet effet, une flottille fluviale sur chacun des deux fleuves, et une flottille maritime. Nous estimons qu'il lui faudrait, pour se lancer dans cette entreprise, un capital d'au moins 70 millions. »

Tout en nous établissant d'une façon durable et rendant compacte notre domination au Sénégal, il ne faudrait pas négliger les moyens pacifiques d'accroître notre influence en envoyant des missions dans les pays voisins pour leur représenter l'avantage qu'ils retireraient de notre protectorat. On devrait aussi chercher si l'on ne pourrait aménager une route rapide et sûre entre le Ba-Oulé et la rivière du Bélédougou, pour faire passer par ces deux cours d'eau les marchandises et même des canonnières chargées d'assurer la sécurité sur le Niger; rendre enfin à Tombouctou son ancienne puissance, par les moyens que nous avons indiqués, en y mettant seulement pour condition que le commerce d'esclaves serait aboli et que les caravanes partant de cette ville pour aller dans le nord se dirigeraient sur l'Algérie.

En agissant ainsi, la pléthore commerciale dont souffre le Soudan, surtout depuis que le débouché de l'Égypte lui est fermé par la guerre actuelle, pourrait rapidement faire de Tombouctou un important entrepôt de marchandises que ne suffiraient pas à alimenter les modestes ressources du Sénégal. Il faut dès maintenant prévoir ce moment et s'efforcer de renouer entre le pays des Noirs et les villes de l'Algérie des relations qui ont rendu celles-ci autrefois si prospères.

Les habitants de Tombouctou pourraient recevoir de ce côté, outre les marchandises européennes, les céréales, les moutons et la laine, que l'Algérie fournit en abondance et qui font défaut au Soudan; les tissus de laine, les tapis, les burnous de Tlemcen et de Constantine, les chechias de Tunis prendraient le même chemin. Plus tard, même si le Sénégal devenait, comme nous l'espérons, une colonie de production et fournissait exclusivement aux Soudaniens, outre le sel, le sucre, le café, l'indigo et les épices, il serait avantageux pour eux de recevoir exclusivement de l'Algérie les objets manufacturés dont ils ont besoin.

Sans s'arrêter aux projets de chemins

de fer transsahariens dont la réalisation offre en ce moment des difficultés presque insurmontables, n'est-il pas permis de souhaiter la formation de caravanes qui suivraient la route de Tombouctou à El-Goléah par Toudeyni et Aïn-Salah? Il y en a déjà qui réalisent presque entièrement cet itinéraire; mais, à partir d'Aïn-Salah, elles se dirigent sur Ghadamès ou le Maroc, pourtant plus éloignés que la frontière algérienne. Il suffirait de peu de chose, croyons-nous, pour les déterminer à venir chez nous.

Nous prévoyons ici les objections qu'on va nous faire. Certaines personnes, effrayées par cette distance énorme de deux mille kilomètres en plein désert, se demanderont si le bénéfice obtenu en transportant aussi loin des marchandises suffira à défrayer le voyage. Nous croyons pouvoir répondre affirmativement. Au temps de Caillié, la location d'un chameau s'élevait (conducteur compris) à environ cent vingt francs pour aller de Tombouctou au Tafilalet, situé à la même distance à peu près que l'Algérie. Ce prix n'a pas sensiblement varié, et n'a rien qui doive surprendre, étant donné que la nourriture des animaux ne coûte rien et que le temps n'a pas de valeur pour les musulmans. Comme la charge de chaque dromadaire est à peu près 250 kilogrammes, on voit que le fret est seulement de cinquante centimes par kilo, ce qui est insignifiant. On pourrait donc réaliser un bénéfice certain, non seulement sur l'or et l'ivoire, mais encore sur d'autres marchandises plus encombrantes relativement à leur valeur, comme il appert du tableau suivant, dressé à l'aide de renseignements fournis par Si-el-Hadj-

Ould-Bakar, ambassadeur de Tombouctou à Paris :

Prix des marchandises à Tombouctou

Ivoire (une charge de chameau)	100 fr.
Mil id.	40 »
Riz id.	70 »
Gomme id.	30 »
Or (6 grammes)	10 »
Guinée filature (15 mètres)	80 »
Petite guinée id.	35 »
Calicot id.	40 »
Fusil à deux coups	150 »

On voit par ce rapide exposé que les prix des objets manufacturés sont assez rémunérateurs dans le Soudan pour permettre et encourager un mouvement commercial considérable.

VII

Il faudrait aussi seconder en Algérie l'impulsion donnée au Sénégal. Pour cela, nous croyons qu'il suffirait d'une caravane de gens de Tombouctou arrivant à El-Goléah pour que les habitants de ce pays si commerçant comprissent tout le bénéfice qu'ils pourraient retirer de leurs relations avec le Soudan. Nos négociants installeraient à leur tour des comptoirs dans le M'zab, et, plus tard, dans le Touât, lorsque les habitants d'Aïn-Salah leur permettraient l'accès de leur territoire.

Il serait d'ailleurs utile, tant au point de vue du commerce qu'à celui de la politique, d'entrer en relations avec le Touât. Située seulement à 600 kilomètres d'El-Goléah, point extrême de nos possessions d'Algérie, cette oasis n'a avec notre colonie qu'un mouvement d'affaires presque nul. Et cependant elle est le point de passage de presque toutes les caravanes qui traversent le Sahara. Aïn-Salah possède le singulier privilège d'être à égale distance des principaux centres commerciaux de l'Afrique septentrionale. A l'aide d'un compas, il est facile de s'assurer de la réalité de ce fait. Non loin du Touât se trouve l'oasis du Gourara, dans laquelle se rend chaque année une nombreuse caravane d'Algériens, qui échangent des moutons et des céréales contre les dattes du pays ; c'est à cela, malheureusement, que se bornent nos relations avec Gourara. Ces deux oasis entreraient facilement en rapport avec la France, si elles y voyaient leur avantage ; la perspective de servir d'entrepôt à un mouvement commercial considérable les déciderait aisément, croyons-nous, à subir notre influence. Peut-être alors, devant les résultats acquis, les Algériens opéreraient-ils une pression sur le gouvernement pour en obtenir la création de deux escadrons montés sur *meharis* (chameaux coureurs), sans lesquels nous ne pouvons nous aventurer au delà de notre frontière actuelle des Areg, et avec lesquels nous sommes certains de nous rendre maîtres en peu de temps des points principaux du Sahara et accaparer tout le commerce du Soudan.

Imitons les Russes ; lançons comme eux notre cavalerie dans les steppes presque inhabités, emparons-nous des quelques villes qui s'y trouvent : Taoudeny, Araouan, Bel-Abbas, Mabrouk et même Aghadès. Pas une seule n'est en mesure de résister à un coup de main. Des garnisons nègres ou arabes, tirées du Sénégal ou de l'Algérie, suffiront à les garder et à assurer le passage des caravanes. En même temps, le forage des puits artésiens, qui nous a si bien réussi dans l'oued Rhir, où nous en avons établi 59 en vingt-trois ans, assurera la prospérité des postes que nous aurons ainsi créés et nous attirera la reconnaissance de leurs habitants. Des îlots de verdure, jetés sur la surface du Sahara et s'agrandissant toujours, formeront à la longue une ligne continue allant d'Ouargla au Niger. Si l'occupation des quelques villes ne suffit pas, on pourrait construire, autour des puits principaux qui marquent la route des caravanes, de petites redoutes en pierres comme celles qu'on a faites en Tunisie, et y placer des gardiens indigènes qui y logeraient et annonceraient, par des feux allumés, les symptômes inquiétants qu'ils viendraient à remarquer à leur proximité : ces signaux, répétés de poste en poste, préviendraient les caravanes de la sécurité plus ou moins grande de la route, et les avertiraient de continuer leur chemin ou de s'enfermer dans un des abris, en attendant que l'orage soit passé.

Si nous ne nous trompons, c'était là le système adopté par les Romains dans le nord de l'Afrique; du moins certaines ruines examinées par nous dans le Sahara tunisien nous autorisent à le croire. Or, en matière de colonisation, ce que nous avons de mieux à faire, c'est d'imiter nos devanciers.

VIII

On comprend quel serait pour la France l'avantage de lignes commerciales attaquant le Soudan de deux côtés à la fois, et tendant à nous rendre les maîtres incontestés de vastes territoires. Il est à craindre malheureusement que notre versatilité ne nous éloigne à bref délai de la politique coloniale; de même qu'il a suffi de la mort du colonel Flatters pour mettre fin aux études transsahariennes, les minces résultats obtenus au Tonkin nous empêchent de voir les bénéfices de la conquête de la Tunisie, pays agricole et commerçant, prolongement naturel de l'Algérie. Il serait pourtant nécessaire de se bien pénétrer de cet axiome, que, rester sans progresser au milieu de concurrents qui s'enrichissent, c'est vouloir s'appauvrir. En ce temps où tous les peuples luttent pour avoir des colonies, ne nous laissons pas prendre notre place dans le monde, surtout si nous pouvons accroître notre influence sans trop de frais. « La France et l'Angleterre, disait le colonel Desbordes à Bammakou, ont dépensé plus de 600 millions pour assurer l'abolition de la traite. La France républicaine peut dépenser quelques millions pour modifier peu à peu, en procédant avec sagesse et prudence, l'organisation vicieuse, improductive, immorale, qui est si chère à tous ces peuples. Alors même que nos travaux ne serviraient qu'à faire triompher cette grande idée d'humanité, avouez que nous serions largement payés de tous nos efforts... »

Il y a là, en effet, une grande et généreuse idée. Outre les avantages recueillis par notre industrie qui périclite, faute de débouchés, et reprendrait un nouvel essor, on voit l'heureuse influence qu'exercerait la France dans ces contrées barbares. Les habitants du Soudan, pouvant utiliser toutes les ressources de leur riche pays, renonceraient à l'odieuse et appauvrissante traite des esclaves. De vastes régions, maintenant presque inhabitées, se repeupleraient, et notre trafic s'accroîtrait dans la même proportion. Enfin les Touaregs, qui, dans le Sahara, sont le plus grand obstacle au commerce, voyant l'influence française prédominer dans les quelques marchés où ils sont forcés de s'approvisionner, devraient à leur tour, et cela sous peine de mourir de faim, l'accepter et peut-être se faire les convoyeurs de nos caravanes.

Si nous pouvions utiliser ainsi au profit

de la civilisation les instincts aventureux de ces nomades, qui n'ont vécu jusqu'à présent que du produit de leurs vols et des aumônes réclamées à main armée, comme le mendiant espagnol dont parle Le Sage, nous accomplirions une noble tâche, et nous mériterions la reconnaissance de l'humanité. En attendant, nous retirerions de notre sage politique des profits assez certains et assez immédiats pour n'avoir pas à faire fond sur une gratitude malheureusement trop hypothétique.

Marcel Frescaly.

CARTE
du voyage du Lt Palat au Touât
Echelle du 1/3750000e
Saïda
Biskra
Laarba
Laghouat
Hamian
Touggourt
Temacin
SAHARA ALGÉRIEN
Mzab
Chardaïa
Metlili
Ouargla
Région des Dunes
El Goléa
Région des dunes
Oued Igharghar
Limite des Sables
SAHARA
Timimoun
TOUAT
Ouoguerout
Tidikelt
Insalah
Aoulef
Adjemor
Mouydir
Touareg Ahaggar
Touareg Azdjer
Amguid
Lac Mengkoug
Zaouia de Temassinin
Tanezrouft

JOURNAL

Géryville, 16 octobre.

J'ai terminé mes préparatifs de départ et je compte me mettre en route demain pour Tombouctou. Mais quels retards j'ai dû subir depuis deux mois et demi que j'ai quitté Paris ! Des études à Alger; une maladie assez sérieuse à Saïda, l'inexécution de promesses faites par l'autorité militaire, et enfin la constitution de ma caravane, m'ont fait perdre un temps précieux. Il y a des moments où je regrette de n'avoir pas suivi mon premier dessein, qui était de commencer par le Sénégal ce voyage entre nos deux colonies. J'ai cédé aux sollicitations et aux promesses de Si-Hamza, le marabout des Oulad-Sidi-Cheikh. Je ne sais si j'ai eu raison de le faire. Si j'en crois un négociant indigène qui se nomme Bou-Tarem et quelques gourara qui sont venus me voir, je cours à une mort certaine. Nous verrons bien.

Ma caravane se compose, comme personnel, d'un cuisinier arabe, Bel-Gacem-ben-Saadi, et d'un palefrenier nègre, Farradji. Tous deux sont ivrognes, menteurs, paresseux et ne connaissent pas beaucoup la différence du tien et du mien ; — mais j'espère en tirer un assez bon parti en créant entre eux un antagonisme qui me sera une garantie de leur fidélité. — A ces deux personnages, il faut ajouter les sokhars ou chameliers que je louerai occasionnellement en route.

Comme animaux, j'ai deux *mehara* ou chameaux de course, l'un pour moi et l'autre pour Bel-Gacem, et quatre chameaux ordinaires pour porter mes bagages. Je dois en trouver un cinquième chez Si-Kaddour. C'est Si-Hamza, mon ami, qui a bien voulu se charger d'acheter les animaux, la selle du mehari, les graïr ou sacs à bagages et les outres qui doivent contenir la provision d'eau. Je n'ai perdu que mille francs à cette combinaison.

Si-Hamza m'a promis de m'accompagner jusqu'à In-Salah; sur sa prière, j'en ai sollicité la permission. Depuis, il a réfléchi, et a fait une demande pour envoyer à sa place un de ses parents, que je ne connais pas, Bel-Arby-Ould-Naïmi : le général n'a pas fait encore connaître sa réponse.

Du reste, à part l'agha Si-Eddin, qui est un excellent homme, *tous les membres de la famille des Hamza veulent avoir plus ou moins leur part de mon gâteau.* Maharredj, frère de Bel-Arby, Si-Mohammed, fils de l'agha, Naïmi, cousin de Si-Hamza, prélèvent un tant pour cent sur chaque commission. Je ne dois pas m'en plaindre, ni m'en étonner : ce sont là mœurs du pays.

Je dois en voir bien d'autres et m'y résigner d'avance. Je veux faire ce voyage habillé en Arabe, ne manger que la cuisine du pays. Je n'emporte que six bouteilles de vin et douze boîtes de conserves pour le cas où je serais malade. Adopter enfin tous les usages indigènes, excepté, bien entendu, les détails de mœurs dont j'ai parlé plus haut. Sans renier mon drapeau, ni paraître adopter des croyances qui ne sont pas les miennes, je veux entrer pour ainsi dire dans la peau d'un Oriental, abdiquant toutes mes répugnances et mes délicatesses d'homme civilisé, pour devenir une manière de sauvage, mangeant sans sourciller à la gamelle commune, oubliant l'usage des fourchettes, des assiettes et des chaises, arabisant jusqu'à mon nom : à partir d'aujourd'hui, je suis *El-Mosseli*, *toubib* (le médecin). Et j'espère devenir assez Arabe pour ne pas jeter de regards en arrière, tant que mon voyage ne sera pas accompli, et accepter philosophiquement les choses et les hommes tels qu'ils sont. Déplorer l'aridité des sables ou la méchanceté des Musulmans, c'est se plaindre de ce qu'on ne trouve ni pommes, ni oranges dans une forêt de sapins : si l'on désire des fruits, que ne va-t-on se promener dans un verger ?

Pourtant, malgré ma philosophie, j'ai éprouvé un singulier sentiment aujourd'hui en me faisant raser la tête à la mode musulmane. Il me semblait que je commettais une lâcheté, un crime de lèse-patrie, en renonçant aux usages de mon pays. Il m'a fallu, pour effacer cette pénible impression, me rappeler ces excellents conseils que j'ai reçus à ce sujet des hommes les plus compétents en pareille matière, en particulier de M. de Lesseps.

J'ai pensé aussi à ma patrie, à la France, pour laquelle j'ai fait le sacrifice de ma vie, à qui mon voyage n'aura peut-être pas été inutile, s'il réussit. J'espère développer le commerce du Sénégal avec le Soudan et voir prendre aux lignes de caravanes le chemin de l'Algérie, qu'elles ont oublié depuis longtemps. Du jour où les produits d'échange trouveront de part et d'autre un facile écoulement, notre industrie aura là des débouchés nouveaux. Au contraire, l'inhumain et improductif trafic des esclaves diminuera et cessera de dépeupler une des plus riches contrées du globe.

Vive la France !

Le journal de route de Géryville à El-Goléa du lieutenant ne nous est pas parvenu ; nous allons y suppléer par les notes qu'il a envoyées avec des photographies pour un journal illustré.

Géryville, que les Arabes appellent El-Odiot, s'élève à l'extrémité nord-ouest des plaines arides qui, sous le nom de Petit Sahara ou de Sahara avanais, s'étendent au sud du chott El-Chergui. Aussi, après 120 kilomètres de solitude, distance qui sépare Khalfallah de Géryville, est-on bien heureux de trouver dans ce dernier poste une abondance d'eau et de verdure à laquelle on n'a pas été habitué pendant la route. A côté de beaux jardins se trouve une pièce d'eau ombragée par de grands saules pleureurs. Ces beaux arbres ont été malheureusement endommagés par la neige qui est tombée ici en abondance le 12 octobre.

Géryville est un peu plus grand et plus régulier qu'il y a quatre ans : le nombre des Européens est toujours restreint.

Quant aux indigènes, ils m'ont paru avoir gagné en civilisation ce qu'ils ont perdu en pittoresque. Je ne sais si je dois m'en affliger ou m'en réjouir (*à la façon du bonhomme Grandgousier*, qui tout à la fois « *pleurait comme une vache* » la mort de sa femme « *et riait d'aise en voyant la figure joufflue de son fils Gargantua*).

Brisina est la première oasis de la province d'Oran. Elle est située à 79 kilomètres au sud de Géryville. Son nom (*Berr-Zina, la jolie terre*) vient du contraste qui existe entre la verdure de son sol fertile et l'aridité des montagnes environnantes. C'est un petit village d'un millier d'habitants, bâti sur la rive gauche de l'oued Seggueur, chez les Ouled-Sidi-Cheikh. De l'autre côté de la rivière, après une série de hauteurs de peu d'importance, on aperçoit les premières *gour*, montagnes à arêtes droites, spéciales au Sahara.

Les dunes de sable forment la limite sud de la province d'Oran. Elles ont une épaisseur considérable (trois jours de marche) et une altitude qui atteint quelquefois 100 mètres. Elles sont formées de sable impalpable qui se déplace au moindre souffle. Pourtant la direction des grandes dunes ne varie que très lentement. La végétation y existe, mais très clairsemée. C'est une région qui a sa faune et sa flore particulières et qui est par là très intéressante à étudier.

Haci Achia. C'est un puits creusé au milieu des areg, probablement dans l'ancien lit de l'oued Seggueur. Il est ouvert au ras du sol : quelques branches d'arbres servent à tirer l'eau ; mais chaque voyageur doit apporter sa poulie. Ce puits a 33 mètres de profondeur.

El-Goléa, 11 novembre.

Dès mon arrivée, je vais me présenter au commandant supérieur. Depuis trois semaines je vis avec les Arabes et ma joie est grande de rencontrer un Français, de serrer la main d'un camarade. Bel-Arby et Si-Mohammed m'accompagnent. Une trentaine d'indigènes sont venus nous saluer à quelques kilomètres de l'oasis et nous font escorte jusqu'à l'arrivée. C'est ainsi que nous arrivons au camp.

Le commandant supérieur du M'zab est là au milieu des spahis. Je reconnais parmi ceux-ci mon ami le maréchal des logis D.. Je lui serre la main. Il me nomme au commandant. Mes compagnons se présentent au *Hakem*. Je m'avance à mon tour et je lui dis en français :

— Mon commandant, j'ai l'honneur de vous saluer.

Il me regarde, paraît surpris et me demande

sèchement qui je suis. Je décline mes noms et qualités. Il m'emmène dans sa tente et met à la porte Si-Mohammed qui nous avait suivis. Je subis un interrogatoire en règle.

— Que voulez-vous?
— Rien.
— Où allez-vous ?
— Au Soudan.
— Avec qui?
— Avec deux hommes.
— Vous allez vous faire tuer.
— Cela me regarde.
— Comment se fait-il que je n'aie pas été avisé *hi-ér-ar-chi-que-ment* de votre arrivée ici ?

. . . .

J'ai le cœur bien gros. Pourtant cet accueil cruel ne me surprend qu'à demi.

Le bureau arabe de Géryville a reçu l'ordre de ne pas entraver, mais aussi de *n'encourager en rien* mon entreprise.

Je sors après avoir promis au commandant, qui semble douter de mon identité, de lui envoyer mes papiers. Si-Mohammed et Bel-Arby sont très mécontents de l'accueil qu'on leur a fait; que dirai-je, moi? qui suis renié par un compatriote, par un officier comme moi... Nous déjeunons de fort mauvaise humeur.

Pour en finir avec cette histoire du commandant, je lui envoie le jour même (quelques heures après notre entrevue) mon passeport diplomatique et le laissez-passer du gouverneur général de l'Algérie. Il les rend sans mot dire à Bel-Arby qui les a portés.

Trois jours après seulement il me fait demander si je désire quelque chose de lui. Je remercie et lui fais répondre que je n'ai besoin de rien; à cela se bornent nos relations. Il ne m'a pas offert un verre d'eau pendant mon séjour, ce qui n'est pas indifférent en pays arabe. Il a montré de la sorte aux indigènes qu'il ne voulait pas de moi pour son hôte.

D'un autre côté, le commandant a défendu au caïd de nous offrir la *dhiffa*... Pourquoi?

Le bruit se répand dans l'oasis que je suis un officier déserteur ; que je vais être arrêté... Dahmane, qui nous apporte la nourriture, est menacé d'une amende par son caïd. Celui-ci me regarde de travers chaque fois qu'il me rencontre, et affecte de ne pas me saluer. Enfin je suis vis-à-vis des indigènes dans une situation pénible et humiliante qui m'affecte malgré ma philosophie, et serait même de nature à me préoccuper sur les suites de mon voyage, si j'avais moins de confiance et d'espoir. Je suis surtout profondément triste.

Car il n'y a plus pour moi aucune illusion à me faire. Je suis bien seul, bien complètement réduit à mes uniques ressources, et sans aucun espoir de trouver non pas même du secours, mais un peu de sympathie... J'ai rencontré, peut-être, la dernière main française que je pouvais serrer. Elle ne s'est pas ouverte pour moi !

Il me faudra rester quelques jours à El-Goléa pour organiser définitivement une caravane. J'en profite pour visiter soigneusement la ville et explorer les environs.

El-Goléa, qui a vu pour la première fois les couleurs françaises en 1873 avec la colonne du général de Galliffet où se trouvait M. le duc de Chartres, a été visité depuis par une autre colonne venue du M'zab, commandée par le général de La Tour-d'Auvergne. Elle est aujourd'hui le premier poste du sud de l'Algérie française et une annexe du M'zab[1].

1. El-Goléa est aujourd'hui le point extrême où soient parvenues nos armes dans le Sahara. Aujourd'hui dépouillée de son prestige lointain, l'oasis a vu percer le mystère derrière lequel elle s'enveloppait jusqu'à ce jour. Perchée sur un roc comme un nid de forbans, cette sentinelle avancée de la France dans le désert ne laisse pas, avec sa demi-ceinture de palmiers clairsemés dans les enclos, que d'avoir assez bon air. Elle occupe une position très forte. Au nord se dressent, à 12 ou 14 kilomètres, plusieurs mamelons, dont deux paraissent très rapprochés. Au pied du rocher, vers le sud, les palmiers disséminés à intervalles inégaux donnent à cette partie du paysage l'aspect moucheté d'une peau de panthère. Partout ailleurs les aregs, mer rigide dont les vagues de

El-Goléa compte aujourd'hui une population d'environ 3500 habitants, dont les maisons s'éparpillent dans la plaine sur une étendue de près de 2 kilomètres. Autrefois, ils demeuraient dans la vieille ville, assemblage de ruines qui escaladent une gara conique ; maintenant il n'y reste plus que quelques affranchis et des magasins où les indigènes serrent leurs provisions.

La majorité de la population appartient à la fraction des Châamba-El-Mouadi. Cependant les Oulad-Sidi-Cheikh y comptent 80 familles, qui tendent à prendre dans le pays une influence considérable.

La race nègre est représentée à El-Goléa par 72 individus, dont 15 affranchis ; le reste est esclave, et est occupé surtout à tirer l'eau

---

sable, dorées par un soleil splendide, brillent d'un éclat éblouissant. El-Goléa est le point de jonction de la double ligne qui, d'Ouargla et de Metlili, conduit aux oasis.... (NAPOLÉON NEY. *Les Relations de la France avec l'extrême sud de l'Algérie. — Revue des Deux Mondes*, 1er avril 1875.)

nécessaire aux palmiers ; mal vêtus, déplorablement nourris, ces pauvres gens sont réellement à plaindre.

Les Châamba sont le plus souvent de sang mêlé. Dahmane, mon guide, est très bronzé de teint et a les cheveux crépus ; cela ne l'empêche pas d'être un des plus beaux spécimens du type indigène que j'aie jamais vus.

L'hiver, il ne reste que des nègres à El-Goléa. La population libre va habiter l'Areg, où elle trouve du fourrage pour ses chameaux et les rares bestiaux qu'elle possède. Du reste l'Areg est loin d'être aussi inhospitalier qu'il le paraît à première vue. On y trouve des puits ; parfois des récoltes ; du gibier (gazelles, lièvres, fenèces, ouranes, etc...). Quelques centaines de Châamba dissidents y vivent, fraternisant avec ceux d'El-Goléa, et servant d'appoint à tous les fauteurs d'insurrections du sud de l'Algérie. Il ne faudrait pourtant pas grand effort pour les traquer à l'aide de nos goums et les contraindre à faire leur soumission.

Les Châamba, par suite de leur contact fréquent avec les Touaregs, ont emprunté une partie des usages de ceux-ci : il leur arrive souvent de se voiler la partie inférieure du visage, et d'avoir le sommet de la tête très peu couvert; ainsi les chasseurs de gazelles portent un simple haïk, sans chechia. A mesure qu'on descend dans le Sud, on constate cette transformation. Les Oulad-Zennan ont le visage entièrement voilé ; mais leur crâne est encore abrité. Enfin chez les Touaregs, le turban qui entoure le front et couvre les yeux et le nez, cache aussi le bas du visage et laisse seul le sommet du crâne à découvert.

S'ils ne craignent pas la chaleur, les Châamba sont sensibles au moindre froid. Aussitôt que le jour tombe ou que le temps se voile, ils se cachent dans leur capuchon, à la pointe bien droite et poignardant le ciel. Cette coiffure a un côté héroïque et un côté comique, elle tient le milieu entre le casque et le bonnet de coton..

Je profite de mes loisirs pour grimper dans la vieille ville avec mon ami D... La gara qui la porte est formée d'argile à la base, de calcaire tendre, puis de calcaire dur au sommet. On entre dans la ville par une porte basse : un dédale de ruelles tortueuses et sales commence presque aussitôt. Par moments, il faut grimper comme des chèvres à travers les ruines ; de chaque côté, des maisons éventrées laissent voir des chambrettes minuscules, enfumées, sans fenêtres, où s'entassait autrefois la population. Quelques portes fermées, hautes d'une coudée, indiquent l'entrée de magasins. On les ouvre en passant le bras dans un trou de la muraille et en pressant sur le verrou à l'aide d'une sorte de brosse en bois.

Sur la partie occidentale de la gara se trouve une tour carrée construite en pierres, avec plus de soin que les autres édifices : elle renferme un puits d'une grande profondeur, qui donnait encore de l'eau il n'y a pas bien longtemps. — Le général Daumas, sur la foi d'un Châambi, attribuait son origine aux Romains. Je ne crois pas qu'il ait raison en cela : je n'ai pas trouvé trace non plus de « l'énorme pierre taillée » qui se trouve aux abords de la ville, à moins qu'il ne désigne ainsi un des nombreux rochers qui ont roulé du haut de la gara.

Au sommet se trouve un plateau d'une vingtaine de mètres carrés, où j'aperçois des traces de fortifications. C'est ici, en effet, que les Français ont campé. Et l'inscription commémorative de notre passage est gravée dans la muraille voisine du plateau.

Le maréchal des logis D... me conte la transformation qui s'est opérée au M'zab depuis l'annexion, il y a deux ans. Les Mzabites, gens industrieux et pratiques, ont saisi tous les avantages qu'ils pouvaient retirer de notre fréquentation ; les enfants vont aux écoles françaises, du reste leurs parents parlent presque tous notre langue; des ateliers de tissage, des pépinières, une école d'arts et métiers ont été créés; des hôtels, un service de diligence établis, et tout fait espérer que l'ancienne confédération deviendra un foyer de civilisation qui accroîtra notre influence sur les tribus voisines : Oulad-Naïl, Châamba et Oulad-Sidi-Cheikh.

Des maisons à murs en pente comme les anciennes demeures égyptiennes, éparses entre de petits bouquets de palmiers; des puits construits comme ceux du centre de la France, avec un double mur de maçonnerie qui soutient une poutre à contrepoids; de petits murs crénelés, rougeâtres comme les maisons, abritant des tentes rayées, d'où sortent des enfants vêtus de longs burnous ou de haïks flottants et semblables à des miniatures d'hommes et de femmes indigènes; de-ci de-là une koubba d'une éclatante blancheur, qui tranche sur le vert sombre des palmiers ou le ton fauve des dunes, et là-dessus un soleil rayonnant et le bleu clair, joyeux, d'un ciel sans nuages : voilà l'oasis d'El-Goléa.

Elle se compose de huit ou dix mille palmiers, mais pourrait en avoir vingt fois davantage, si la paresse incurable de ses habitants n'y mettait obstacle. Pour eux, travailler est une honte chez un homme libre; ils préfèrent se passer de presque tout et gagner péniblement leur vie par des razzias, quelques échanges, et la chasse dans l'Erg, que de se livrer à une occupation manuelle quelconque. Bien peu parmi eux sèment du blé ou de l'orge dans leur jardin, et cependant l'eau se trouve à une faible profondeur, trois ou quatre mètres (dans certains puits elle arrive au niveau du sol), et le terrain est excellent. Il serait à désirer que la colonisation se portât un jour à El-Goléa : elle y ferait des merveilles. Le coton, le tabac et la canne à sucre y donneraient d'excellents produits. Du reste cette culture, usagée depuis peu de temps au M'zab, donne déjà de sérieux bénéfices.

12 novembre.

Si-Mohammed-Oued-Kaddour, avec lequel j'entretenais les meilleurs rapports, part pour Guadhaïa. Je l'accompagne à cheval assez loin de la ville. Sur notre chemin, des femmes quittent la bande d'étoffe qu'elles tissent en poil de chameau pour venir baiser la main de mon compagnon. Je le quitte à cinq kilomètres de l'oasis; et c'est à regret que je me sépare de lui. C'est un jeune homme aimable, intelligent, qui pourra plus tard, s'il est bien conseillé, rendre d'importants services à notre pays.

Je reviens lentement vers l'oasis; sur mon chemin des enfants courent, la chemise aux dents pour avoir les mouvements plus libres; d'autres, qui chassent des oiseaux avec un filet en feuille de palmier, s'arrêtent pour me regarder. Des femmes au haïk flottant pressent au contraire le pas, en voyant un *roumi* sous ces vêtements arabes. Quant aux hommes, ils me contemplent avec curiosité, mais sans antipathie. Et sans la crainte de déplaire au *commandar* qui m'a mis en interdit, ils s'empresseraient autour de moi. Nous verrons demain... Car demain le commandant supérieur retourne à Gardhaïa, en passant par Metlili. Mon ami D... vient m'en donner la nouvelle, et m'apprendre en même temps que son chef a fait arrêter et conduire au camp deux femmes. Il veut les emmener comme otages à Gardhaïa ; cette arrestation cause une certaine rumeur dans le pays, et des membres de la djemmaâ passent la nuit à côté des deux femmes comme si elles couraient de grands dangers dans le camp français.

13 novembre.

Les spahis et le goum de Metlili se mettent en marche. Les principaux d'El-Goléa accompagnent le commandant supérieur. Le maréchal des logis D... vient me faire ses adieux dans ma nouvelle demeure : une petite maison que j'occupe depuis la veille. Jusqu'au dernier moment, j'ai espéré que le commandant supérieur me ferait demander, voudrait me voir. Il n'en a rien fait. Il part, laissant un Français en arrière sans plus s'en occuper que d'un colis oublié. J'avoue que, de mon côté, je n'ai pas eu le courage d'aller le voir partir, mais j'ai le cœur bien gros !

La matinée se passe tout entière en divers arrangements. Tout à coup j'entends un grand tumulte, des vociférations, des coups de fusil, des cris perçants de femmes qui pleurent. Je sors et j'aperçois des indigènes armés courant de tous côtés, et des femmes qui se pressent de rentrer avec de grands gestes et des plaintes aiguës. Un cavalier passe à fond de train en chargeant son fusil. Bel-Gacem lui crie : « Qu'est-ce qu'il y a? » Et l'autre de lui répondre sans s'arrêter : « Le commandar a tué le caïd. »

Bel-Arby arrive en courant, chose extraordinaire, et confirme cette étrange nouvelle : le caïd accompagnait le commandant supérieur. Celui-ci, à deux kilomètres de la ville, s'est aperçu de l'évasion des deux prisonnières, et a adressé des reproches au chef indigène, qui lui a répondu avec insolence, et l'officier supérieur l'a abattu d'un coup de revolver. La chose est sûre; le frère du caïd l'a racontée à Bel-Arby.

La situation est grave. A n'en pas douter, d'après le dire de mes compagnons, les Châamba vont s'insurger et nous attaquer, impossible de chercher un endroit favorable à la défense. Nos chameaux sont au pâturage et ne rentreront que le soir, et je ne voudrais à aucun prix abandonner mes bagages. Il faut concentrer nos efforts snr cette maison et tenir de notre mieux. J'envoie chercher Farradji, Ben-Chikh et Mohammed-Slougui : ils amènent mon cheval, qui est attaché à quelques pas de nous. Ben-Chikh fait des cartouches. Les fusils sont visités, nettoyés, chargés. Ben-Atallah semble très inquiet. Un Châambi qu'il hèle de loin lui crie : « C'est fini avec les Français ! » La fusillade continue de plus belle. J'envoie Dahmane aux informations.

Trois indigènes de la tribu des Oulad-Sidi-Cheikh viennent me trouver et protester de leur dévouement à la France, en ajoutant qu'ils ne sont pour rien dans le mouvement actuel : ils promettent de venir se battre avec nous à la moindre apparence de danger. Je les congédie après avoir pris leurs noms : ils s'appellent Abd-el-Kader-ben-Kaddour, Mohammed-ben-Havus et Yahin-ben-Hadj.

Dahmane revient avec des nouvelles meilleures. Le caïd n'a pas été tué ; on n'a pas tiré sur lui ; mais il a reçu l'ordre de ramener les femmes évadées. Les Châamba aiment mieux s'insurger que de les rendre.

Cette histoire donne une idée assez exacte de l'exagération arabe, et de la facilité avec laquelle se répandent au désert les bruits les plus étranges et les moins justifiés.

Mohammed-Slougui dit tout haut que le mouvement va s'étendre, et qu'on chassera les Français de toute l'Algérie. Je lui impose silence :

— Imbécile, lui dis-je, ne sais-tu pas que si la moitié des Arabes se levait contre nous, l'autre moitié se lèverait le même jour pour nous aider à les combattre? Comment! vous n'avez pas pu nous chasser quand nous sommes arrivés par mer en Algérie dans un pays que nous ne connaissions pas ; pays où nous n'avions pas d'amis ; où nous ne tenions pas à rester. Et vous prétendriez nous renvoyer à présent que nous connaissons l'Algérie dans ses petits détails; que nous y avons créé de tous côtés des villages, des routes, des chemins, et que nous y comptons de nombreux amis? Penses-tu que nous allons abandonner tout cela uniquement pour vous faire plaisir, nous qui sommes dix fois plus nombreux et plus riches que vous?... Tiens, tu es fou, et ceux qui pensent comme toi sont fous.

Ce beau discours débité en arabe, d'une voix forte, produit son effet. Mohammed baisse la tête sans répondre. Mais je doute qu'il soit convaincu. Au fond, comme les gens crédules de sa race, il est prêt à se faire tuer pour le premier aventurier religieux qui lui donnera une amulette contre les balles, ou le pan de son bernous à baiser.

Les Châamba viennent nous assurer que nous n'avons rien à craindre. D'ailleurs, ils sont bien décidés à ne pas rendre les femmes.

— Vous avez tort, leur dis-je. Si j'ai un conseil à vous donner, obéissez. Conduisez les femmes, cause de tout ce tapage, à Gardhaïa. Vous savez parfaitement qu'elles n'ont rien à craindre des Français. Le mieux pour vous est de faire à présent de bon gré ce que vous ne pourrez éviter plus tard par la force....

Mon conseil n'est pas suivi.

Le reste de la journée se passe tranquillement. Le soir, un jeune homme entre chez moi : c'est le fils du caïd. Il paraît humble et inquiet; son père, me dit-il, est dévoué à la France ; il n'est pour rien dans l'évasion des prisonnières, etc. Je lui répète ce que j'ai dit aux Châamba et profite de l'occasion pour lui faire comprendre que je ne suis pas satisfait de la conduite de son père à mon égard : « Qu'il ne me salue pas s'il veut, mais qu'il ne menace pas ceux qui me font bon accueil. » Le jeune homme écoute ces remontrances, m'assure que son père viendra me voir et me demande de m'employer pour faire rentrer le caïd en grâce auprès de l'autorité. J'ai toutes les peines du monde à lui faire comprendre que cela ne me regarde en rien et que j'entends ne me mêler de rien.

Son père ne vient me voir que huit jours après, mais nous nous sommes quittés bons amis.

La maison que j'habite depuis la veille, après mille instances faites à Dahmane, se compose d'une pièce unique, de deux mètres de large sur quatre de long. On y entre par une ouverture basse et étroite, sans porte. Les murs sont de briques crues revêtues d'argile ; le toit, de branches de palmier recouvertes de drinn ; telle qu'elle est, je la trouve de beaucoup préférable à la tente. Elle sera très commode pour faire de la photographie.

Mon installation a été vite faite. Un tapis sur le sol, mes malles le long des murailles, mes armes dans un coin : voilà pour l'ameublement ; un sac tendu par des ficelles a servi de portières, ma calotte a suffi à boucher la fenêtre : je suis chez moi, enfin !

Le commerce n'existe pas à El-Goléa : il n'y a pas un seul négociant attitré. Les Châamba vivent de ce qui se trouve dans leur pays :

le *loul*, les *tcurfass*, les dattes, le gibier. Ils tirent même d'une sebkha voisine le sel rougeâtre et de très médiocre qualité qui sert à leur consommation. La seule et rare monnaie acceptée est l'*oudja*, pièce d'argent du Maroc (0 fr. 30).

Ils paraissent avoir plus de relations avec le Touat, où se trouvent les Khenafsa et les Mebarza, leurs alliés, qu'avec l'Algérie. Du reste, ils ne sont qu'à deux cents kilomètres du Tinerkouk, mais à près de trois cents du M'zab. Ces conditions montrent la nécessité d'occuper El-Goléa, si l'on veut non seulement contenir les turbulents Châamba, mais encore entrer résolument en relations avec le Touat. Ce pays, peuplé d'environ 300 000 habitants, et planté de 10 millions de dattiers, en vaut la peine : et nous pourrions ainsi surveiller efficacement les menées des agitateurs algériens, qui y trouvent toujours un refuge et une base d'opérations.

Je ne sais si les projets du gouvernement

concordent avec cette idée, mais le commandant est venu avec des officiers qui ont étudié le terrain avec soin. En partant, il a donné l'ordre au caïd de faire apporter sur la gara douze charges de chameau de bois et d'y allumer un grand feu, le sixième jour après son départ. Le bruit s'est répandu qu'il s'agissait d'une expérience de télégraphie optique.

Le caïd, dont le départ du commandant a arrêté tout le zèle, se contente de faire brûler quelques branches dans la redoute française; comme il s'agit ici d'un intérêt général, je dénonce le fait au commandant supérieur par une dépêche adressée à Gardhaïa. Je ne sais ce qui est advenu.

La dhiffa nous est apportée le plus souvent par Dahmane; quelquefois aussi par les Ouled-Sidi-Cheikh. Un jour nous sommes invités chez l'un d'eux. Nous sommes servis sous une tente où se trouvent réunies une dizaine de personnes. On apporte le café, puis le couscouss aux *tourfass* et à la viande sèche, qui constitue ici l'élément unique de tous les repas. Bel-Arby invite un des assistants à piquer avec nous dans le récipient commun. Celui-ci, jeune homme pâle, à la barbe noire, refuse. Les autres ont l'air consterné. Bel-Arby, courroucé, a une vive discussion à voix basse avec lui. Mais il persiste dans son refus, se lève et sort de la tente.

Je n'ai pas accordé d'abord une grande attention à cette scène. Près de moi, un indigène qui a été à Tombouctou me dépeint cette ville sous les couleurs les plus riches avec des « *Allah Akbar !* Dieu est le plus grand ! » Il me parle aussi des girafes que l'on capturerait grâce à un singulier procédé. Les noirs ayant remarqué que ces animaux ne peuvent pas se coucher à cause de leur conformation, et s'appuient toujours contre le même arbre pour dormir, scient le tronc à la base, de manière que le moindre effort le fasse céder. La girafe vient, s'appuie, tombe avec l'arbre et ne peut plus se relever. Ce détail très extraordinaire m'a déjà été donné par Farradji. Je ne sais ce qu'il vaut au point de vue de l'exactitude, mais il me semble avoir lu quelque chose d'analogue pour les éléphants dans l'Inde.

Pendant que nous devisons ainsi autour d'un succulent repas, quelques hommes attendent au dehors, au vent et à la pluie, — car il pleut ce jour-là, — les débris de notre repas. Parmi eux, je reconnais un marabout loqueteux, maigre comme don Quichotte, qui vient souvent s'asseoir près de mon feu et mendier quelques grains de couscouss. Il est toujours occupé à coudre ensemble des morceaux d'étoffe de burnous avec de la laine noire. Il en forme des pantoufles blanches piquées que les Châamba portent volontiers. C'est le seul homme libre que j'aie vu travailler à El-Goléa. Un jour, allant à la Gara de Tin-bou-Zid, qui fait pendant à celle d'El-Goléa et est surmontée d'un marabout consacré à Sidi-bou-Zid, je passe devant la koubba de Si-el-Hadj-bou-Haous : on est occupé à la reblanchir. Des femmes tamisent de la craie écrasée qu'on mélange à de l'eau, et des nègres appliquent cet enduit à l'aide d'un petit balai de dattier. On m'apprend que cette opération se fait à cause de la fête du marabout, qui aura lieu demain : on exécutera même une fantasia à cette occasion. Je me promets bien d'y assister.

Le jour suivant je me rends avec Bel-Arby et Bel-Gacem sur une sorte de grande place voisine de la koubba. Nous nous asseyons à l'ombre d'un mur, car la chaleur est accablante. Si-Taïeb, beau-frère de Si-Kaddour, vient de mon côté et fume un os de mouton bourré de *chih* en guise de tabac. D'autres oisifs prennent place près de moi. En face, dans les palmiers, sont groupées des femmes qui causent bruyamment. Un peu plus bas, une foule d'hommes aux burnous très blancs, chargent des fusils ou examinent les chevaux des coureurs.

Une triple détonation annonce l'arrivée des premiers cavaliers : ils sont trois lancés à fond de train et font tournoyer leurs armes. D'autres se mettent en mouvement, debout sur les étriers pour tirer tous à la fois leur coup de feu. Notre ami Bou-Sina et son frère se lèvent et montent à cheval pour nous faire honneur. Ils arrivent sur nous avec deux autres cavaliers et font feu à quelques pas : j'entends siffler au-dessus de ma tête une balle oubliée, ce qui me laisse une certaine préoccupation ; Bou-Sina et un de ses compagnons, trop lancés, parviennent jusqu'à nous. Je me range précipitamment et j'examine ce dernier.

C'est un homme de haute taille, à figure fière et intelligente, monté sur un beau cheval noir. Il est enveloppé d'un curieux burnous de drap bleu de ciel à larges brandebourgs et à gland de même couleur, qu'il a rapporté d'In-Salah où il a longtemps habité.

Un autre cavalier attire mon attention. Il est vêtu d'une sorte de redingote longue, d'un rouge éclatant, à manches soutachées, et porte sur l'épaule sa cartouchière. Il brandit son fusil très crânement et dirige un petit cheval fringant avec une adresse remarquable.

C'est un pirate du désert qui a revêtu pour la circonstance le costume d'un des Touareg tués par lui il y a environ cinq mois.

Somme toute, cette fantasia se ressent de la pauvreté de ceux qui l'exécutent. Malgré de curieux détails, elle est loin d'avoir le brillant de celles du Tell. Les coureurs sont peu nombreux et n'ont pas les élégants costumes qu'on est habitué à leur voir dans le Nord. Quand la fête est finie, Si-Taïeb nous emmène dans un jardin voisin de sa maison et nous offre le café, ce qui est un grand luxe à El-Goléa.

Si-Taïeb est un Oulad-Sidi-Cheikh. Il a quitté le noyau de sa tribu après avoir épousé une femme répudiée par Si-Hamza, ce qui lui a attiré le ressentiment de celui-ci. C'est un homme grand, à physionomie fière, rieuse dans l'intimité. Il vient souvent me voir et me donne parfois des conseils dont je me trouve bien.

J'ai d'autres amis ici, Bou-Sina, un brave homme, ami de Si-Kaddour, avec des sourcils en crin et un nez tellement fort qu'il ne semble pas naturel. Bou-Sina est le plus souvent si bien emmitouflé dans son haïk et son burnous, qu'on n'aperçoit que cette partie de sa figure. Dernièrement il m'a fait voir son magasin, dans la vieille ville : c'est là qu'il serre ses provisions ; des teurfass sèches de l'an dernier, des dattes et un peu d'orge dont il est très fier, étant presque seul à le cultiver à El-Goléa.

Son frère vient aussi quelquefois. Il porte de curieuses jambières d'origine berbère, en cuir fauve plissé et brodé de soie multicolore. Il m'a donné deux peaux d'une sorte de chat sauvage qui vit dans les dunes, malheureusement elles sont incomplètes, mais je ferai tout mon possible pour me procurer l'animal entier.

Si-Ahmed-Oud-bou-Smaha est un marabout gras, rose, à barbe blanche, à figure bienveillante, qui habite l'Erg à une quinzaine de kilomètres d'El-Goléa. Il s'incruste chez nous, où il trouve bon souper et bon gîte. Il lit l'avenir sur les omoplates de gazelle ou de mouton, la présence ou l'absence de certain cartilage indique le départ ou la rentrée d'un r'azzou ; d'autres une tombe, des piquets de tente, etc. Tout le monde croit ici à cette divination, Bel-Arby tout le premier, naturellement.

Si-Ahmed me parle avec enthousiasme d'un livre à lui appartenant, et composé par le calife Haroun-al-Raschid : il s'y trouve, paraît-il, de curieux renseignements sur le Soudan. Il me l'apporte enfin, ajuste sur son nez d'énormes lunettes et me lit le vénérable manuscrit dont le titre un peu long est *Ad-Kitab-er-Rahmatfe-Et-Tobbi-ou-el-Hakemat* (le livre de droit et de médecine). On y parle surtout de pierres magiques qui font sortir l'argent de terre, enfin une foule de rêvasseries auxquelles croient fermement la généralité des Arabes.

Bou-Smaha semble aussi très inquiet, une nuit où les étoiles filantes se montrent en abondance, et me fait demander si ce n'est point un signe de guerre.

Une autre fois, il paraît très ému : un esclave nouvellement acheté par lui a volé un de ses chameaux et s'est enfui. Le saint homme monte à cheval, envoie des cavaliers à mehara à la recherche du nègre, qu'on atteint à un puits et qu'on ramène au bout de six jours, roué de coups et dans un état à faire pitié.

Je fais d'assez fréquentes excursions en dehors de l'oasis pour compléter mes collections. Rien de triste et d'ingrat comme le hamada qui s'étend tout autour de nous à plusieurs journées de marche. Devant cette immense étendue grisâtre, sans un brin d'herbe, l'œil se fatigue à regarder; le pied se déchire sous le calcaire dur. Il y a pourtant dans l'est un *mekam* vénéré, qui sert de lieu de pèlerinage. Une nuit, dit la légende, Sidi-Cheikh vint jusque-là pour voir le pays habité par ses

enfants. Il repartit sans avoir été plus loin.
Mais les pieds de sa monture, coupés au-dessus des sabots, attestèrent la présence du saint.

Les couchers de soleil sont particulièrement splendides à El-Goléa. Il m'arrive souvent de rester extasié, à les contempler : l'occident embrasé, rouge comme la bouche d'une fournaise, les nuages noirâtres, nuancés d'or et de pourpre, pareils à la fumée d'un incendie; le ciel, d'abord violet et sanglant, puis se teignant par des gradations insensibles de vert Véronèse et de jaune paille. Un chien, passant du côté du couchant, apparaît comme nimbé par la lueur qui s'accroche à ses poils fauves et soulève sous ses pas une vapeur lumineuse. Puis la cime des arbres s'éteint, tous les bruits se taisent, le crépuscule s'étend, on dirait qu'il pleut du silence; les palmiers détachent en brun sombre leurs silhouttes sur un fond d'or, et le croissant pâle de la lune monte à l'horizon. Alors le silence est troublé par la voix puissante du moudden qui appelle à la prière du mogreb.

« Il n'y a de Dieu que Dieu et Mohammed est le prophète de Dieu.

« La prière, la prière ! »

En même temps ils se mettent à psalmodier d'une voix traînante les versets du Coran et dominent pour un moment le bruit monotone d'un pilon à poudre, manié dans une maison voisine par une femme aux bracelets tintants.

La qualité de *toubibe* (médecin) que j'ai prise m'a amené beaucoup de clients. Aussi je soigne un assez grand nombre de maladies, le plus consciencieusement que je peux. Fièvres, douleurs, maux d'yeux, sont le cortège habituel.

Dahmane est venu me chercher pour sa sœur, qui souffre d'un lumbago : dans une chambre étroite, une vieille femme, couchée par terre, entortillée de chiffons sales, geint, courbée en deux. Je la soigne de mon mieux, un peu distrait par les jolis visages de deux jeunes filles qui viennent me regarder par une fenêtre et ne semblent pas fâchées d'avoir attiré mon attention. On me présente aussi les deux fillettes de Dahmane, jolies, très brunes, avec de beaux grands yeux. La plus petite, qui doit avoir six ans, est sommairement vêtue d'une boucle d'oreille et d'un grand foulard rouge qu'elle porte sur le dos.

Du reste, j'ai vu hier une petite fille ayant pour tout costume une bavette, ce qui en France ne constituerait évidemment pas un vêtement suffisant.

La sœur de Dahmane a guéri, ce qui n'a pas nui à ma réputation dans le pays. Il a aussi dans sa maison une autre malade, sa belle-sœur, qui souffre des yeux. — Qu'il me la fasse voir. — Mais elle n'ose pas se présenter devant un homme. — Qu'elle reste alors avec son mal. — Enfin on convient d'un singulier arrangement : je regarderai l'œil malade à travers un trou de la muraille. Cette opération se fait avec de grands éclats de rire de part et d'autre.

J'ai dit à Dahmane de m'amener ses enfants pour que je leur fasse de petits cadeaux. Il en vient trois, la fillette la plus grande, parée des lourds bijoux de sa mère, et portant sur son dos son petit frère, âgé de trois ans et coiffé d'une énorme calotte rouge. Je donne aux petites quelques fils de corail, et au marmot une pièce de cinq francs, ce qui a l'air de les enchanter; après quoi, je demande à Dahmane la permission de *pourtraire* sa fille aînée. Il y consent, mais elle, comprenant de quoi il s'agit, éclate en sanglots, charge précipitamment son frère sur son dos et se sauve suivie de l'autre fillette, qui roule de grands yeux étonnés.

Voici déjà que commencent les contestations d'argent avec les gens qui m'accompagnent. Ma fermeté sera plus forte que leur rapacité. Mais le retour prévu de ces incidents me présage des instants peu agréables pendant le cours de mon voyage.

Bel-Arby, ce parent de Si-Kaddour, qui m'a confié à lui, m'assiège de demandes d'argent : il veut à tout prix recevoir de moi la somme que je dois lui donner seulement au Gourara et à l'arrivée de Si-Kaddour. Sur mon refus, il m'annonce sa détermination de me quitter ; je le laisse faire. Il réfléchit et reste.

Tous les jours, il m'amène des gens qui veulent venir avec moi. Il me presse de les accepter, mais je n'y consens pas, prétextant que je ne veux rien faire sans l'assentiment de Si-Kaddour.

Justement un avis singulier m'est parvenu par un esclave. Il a entendu son maître dire que je devais être attaqué sur la route du Tinerkouk le troisième jour après mon départ, par des parents de Bou-Amama : Bel-Arby et ses compagnons chargeraient leurs fusils à poudre seulement et partageraient ensuite mes dépouilles avec leurs complices. Tout invraisemblable que me paraisse ce récit, j'en fais part à Dahmane, qui en prévient Bel-Arby, et celui-ci me fait de grandes protestations de dévouement et de fidélité.

La nuit, j'entends parfois d'étranges concerts : un bruit de tambour de basque, des voix aiguës de femmes, soutenues par celle plus grave des hommes. Le théâtre de ces fêtes change de place à chaque instant. Une fois, je l'entends près d'une maison voisine. Poussé par la curiosité, je sors avec Bel-Gacem et vais me promener. Il fait une nuit tiède et bleue. Les rayons de la lune accrochent de blancs éclairs aux feuilles luisantes des palmiers et projettent autour des arbres et des maisons des ombres d'un noir intense. Auprès d'une petite demeure, des hommes sont assis. Quatre femmes, munies de tambours de basque, marchent sur un rang, en chantant une phrase unique : *La Illah ila Allah!* (Il n'y a de Dieu que Dieu!) et en exécutant divers mouvements du corps. La répétition monotone de cette phrase dans le silence de la nuit, les costumes blanchâtres des femmes, leur démarche cadencée, donnent à cette scène un caractère singulièrement puissant. Je continue à regret mon chemin, car il ne faut pas effaroucher la jalousie musulmane; mais ces chants me tiennent éveillé une partie de la nuit.

Le temps commence à me paraître bien long. Mon voyage ne suit pas son cours au gré de mon impatience. Voilà plus de quinze jours que je suis retenu ici sans nouvelles de Si-Kaddour, sans lettres de ma famille et de mes amis. Un jour pourtant, le 25 novembre, un cavalier à mehari, venant de Gardhaïa, m'apporte une lettre de ma famille et cinq autres lettres de mes amis. Toutes ces lettres me sont adressées de Paris, et je les lis avec bonheur. Ici, en effet, on est bien loin de vivre l'existence intelligente de Paris. Puis rester des mois entiers sans recevoir de nouvelles des personnes les plus chères, est bien difficile à supporter. Enfin, le 1ᵉʳ décembre, un autre cavalier arrive, m'apportant une missive de Si-Kaddour. Le khelifa s'excuse de son retard et me prie de partir pour le Gourara, où il viendra me rejoindre. Mes provisions sont faites depuis longtemps ; mes préparatifs sont achevés. Je décide que nous partirons le surlendemain.

Me voici donc en route pour le Soudan, dont les marabouts parlent avec tant d'enthousiasme : « Le Soudan, disent-ils, est le plus riche pays du monde. Un esclave n'y vaut qu'un burnous. L'or s'y donne au poids de l'argent ; les peaux de buffle et de bouc, les dépouilles d'autruche, les sayes et l'ivoire s'y vendent aux plus bas prix ; les marchandises de caravane y centuplent de valeur. »

Vous êtes des fous, ô voyageurs, si vous vous arrêtez à Timimoun[1]. Beau voyage ! Long

1. Ville et marché du Touat, à 120 lieues ouest de Metlili.

comme de mon nez à mon oreille. Voulez-vous être riche? Allez au pays des nègres. Souvenez-vous que le Prophète a dit :

El Djereb doua el guétran
Ou el peker doua el Soudan.

La gale (du chameau), son remède est le goudron.

Comme la pauvreté, son remède est le Soudan.

Nous verrons bien! Je me mets en route demain pour « le pays des grands arbres et du grand fleuve ». Mais auparavant que de sables arides à traverser encore!

3 décembre.

Dans ma joie de me mettre en route je suis prêt de grand matin. J'ai compté sans mes compagnons de voyage. Bel-Arby, qui décidément au lieu d'être un aide va devenir une entrave pour mon voyage, cherche à retarder autant que possible notre départ. Il m'amène ses chameliers et me demande leur paye (2 fr. 50 par jour à partir de l'époque où il les a engagés. Cette étrange prétention, en désaccord formel avec nos conventions antérieures, me mécontente. Je déclare sèchement que je n'ai rien à voir en cette affaire. Sur ce, Bel-Arby me déclare qu'il ne partira pas, et renvoie à son douar Mohammed-Slougui avec quelques chameaux et quelques sacs de dattes achetées ici. Je hausse les épaules et j'attends.

Vers 10 heures, impatienté par tous ces retards, je monte à cheval et me dirige vers la maison de Dahmane, escorté de Bou-Sina et de son frère. Bel-Arby est là, assis sur le sable, au milieu d'une trentaine de personnes ; on démonte lentement sa tente. Enfin les chameaux sont chargés, je les fais partir ; puis, Bel-Arby ne bougeant pas, je me mets en route. Si-Taïeb m'accompagne fort loin et me promet de m'écrire si j'arrive à bon port.

Nous marchons dans la plaine nue, qui se peuple d'arbrisseaux à mesure que nous nous éloignons de la ville, et traversons l'oued Seggueur ; il a ici une largeur de 200 mètres, mais il ne contient jamais d'eau.

Presque aussitôt après s'élèvent les dunes. Des nœuds faits aux branches des *retems* indiquent la route du Gourara. C'est là que nous prenons congé de Bou-Sina et de son frère : ils disent avec Bel-Arby le *fatcha*, la prière musulmane, en tenant les yeux fixés sur leurs mains ouvertes à la façon d'un livre :

— Louange à Dieu, maître de l'univers,

— Le clément, le miséricordieux.

— Souverain au jour de la rétribution,

— C'est toi que nous adorons, c'est toi dont nous implorons le secours.

— Dirige-nous dans le sentier droit,

— Dans le sentier de ceux que tu as comblés de tes bienfaits.

— Non pas de ceux qui ont encouru ta colère, ni de ceux qui s'égarent.

Puis ils me serrent affectueusement la main en me disant :

— Écris-nous quand tu seras arrivé au Touat. Défie-toi de tout le monde. Et si tu veux aller au Soudan, tâche de t'entendre avec Ahitaghel et son neveu Oued-Ganadji. Sans cela tu ne passeras pas.

Une heure après nous arrivons dans la plaine de hamada, bordée de collines qui courent vers le nord-ouest. La végétation y est abondante, et consiste surtout en drinn zeïta et aggd-retem. Puis nous entrons dans le lit sinueux de l'oued Seggueur, un de ces fleuves sahariens desséchés qui servent de routes aux caravanes se dirigeant vers le sud. On rencontre ces oued desséchés partout dans l'immense étendue du Sahara, depuis Ghadamès jusqu'à El-Goléa. Ce sont les voies naturelles de pénétration vers les région mystérieuses du Soudan. Les oasis, les villages, plus tard les villes, sont situés du reste au voisinage de ces fleuves desséchés.

Nous traversons plusieurs fois l'oued Seggueur. Enfin nous l'abordons près d'une petite enceinte de pierres qui porte le nom de Mekkam Si-El-Hadj-Bou-Kocos.

Encore quelques dunes, puis une agréable surprise : trois palmiers et deux puits. Ce sont les Hacian-ben-Kaddour. L'eau ne s'y trouve qu'à 1 mètre de profondeur. Dans l'un des puits elle est saumâtre ; dans l'autre elle est potable, mais pleine de larves de moustiques (*dervoua*), qui y frétillent de leur mieux. Nous y abreuvons nos chameaux. Quant à notre provision d'eau, elle est faite depuis El-Goléa.

Suivent deux heures de marche dans une plaine de reg. Nous laissons à gauche la Sebkha-el-Melah, où les traitants d'El-Goléa s'approvisionnent de sel. A son extrémité occidentale on aperçoit les palmiers de Rebka, petite oasis sans habitants. Enfin, nous campons à quatre heures à Rekinat, ensemble de petites dunes plantées de retem et de semeuré et peuplées d'insectes gris rayés de noir qui vivent dans le sable. Dans la plaine environnante je trouve un grand nombre d'objets de silex. Nous dînons d'un chevreau amené d'El-Goléa : il est égorgé par Mohammed-ben-Cheikh, qui garde pour lui, selon la coutume, la tête et les pieds de l'animal.

Notre première journée de marche s'est passée heureusement. Mes compagnons de route sont enchantés, car nous avons suivi le précepte du Prophète : « Ne partez jamais qu'un jeudi et toujours en compagnie. Seul, un démon vous suit ; à deux, deux démons vous tentent ; à trois, vous êtes préservés des dernières pensées, et, dès que vous êtes trois, ayez un chef. »

4 décembre.

Départ à 7 h. 50. Nous cheminons d'abord sur un terrain ondulé et sablonneux, ensuite plat et couvert de reg. A notre gauche se trouvent les gour d'Ouellen et de Mechkarden, qui profilent à l'horizon leurs masses bleuâtres aux lignes sévères. De ce côté aussi, une dépression de terrain indique le cours de l'oued Seggueur, qui fuit, dans la direction du gour Frentah, deux cônes pointus facilement reconnaissables.

De petites dunes, une sebkha à concrétions gypseuses, et nous laissons à gauche les puits d'Ouallen, au nombre de quatre, profonds de $2^m,50$ et entourés d'environ 150 palmiers. Si-Mohammed-Mouley-Ouallen y est enterré sous une koubba très vénérée. On lui attribue la fondation d'El-Goléa. Le général Daumas a raconté dans le grand désert la légende de ce saint homme, qu'il appelle à tort Si-Mohammed-ou-Allal.

Encore une sebkha ; elle porte le nom de Reknet-el-Khaden (le cou de la négresse), sans doute à cause de sa forme et de sa couleur. Nous nous installons sous les dunes voisines pour déjeuner : maigre repas composé invariablement de pain, de beurre et de rouina. On appelle *rouina* la farine de blé grillé. On la mélange à du beurre fondu, à de l'eau et à des dattes. On obtient ainsi un mets peu présentable et peu nourrissant, mais d'assez bon goût.

Les dunes offrent ici un aspect presque riant à cause de la variété des plantes qui les peuplent et de leurs teintes diverses. Sur ce fond ocreux du sable, le *dhourane* cendré, le *drinn* gris jaunâtre, étalant leurs touffes nombreuses sur la tonalité desquelles tranchent les palmiers et les retems, d'un vert sombre, les *zéita* noirâtres et les *alendas* d'un beau vert, joyeux à l'œil. Toute cette végétation frémit au moindre souffle du vent; si l'on ferme les yeux, ce murmure pareil à celui des flots, la fraîcheur de la brise, le sable fin, soulevé par elle, fait croire pour un instant qu'on est transporté sur les bords de la mer.

Après ces dunes s'étend une grande plaine bornée au nord-ouest par une chaîne de grandes dunes qu'on nomme l'Erg Tellis; au sud, d'autres éminences de sable, plus petites, la séparent.

Après avoir franchi quelques hauteurs sablonneuses, nous entrons dans une interminable plaine de hamada.

Comme notre marche est uniforme, je n'ai d'autre ressource pour me désennuyer que de causer avec Mohammed, le jeune homme d'Aoulef que j'ai engagé. Il est occupé à faire de l'amadou avec des fleurs d'homrane : en les écrasant entre ses doigts et rejetant les fragments ligneux qui s'y trouvent mêlés, on obtient une masse cotonneuse blanche, qui brûle comme de l'amadou et en a l'odeur. Les Arabes le nomment *thom*, et dans le Touat on ne se sert pas d'autre chose pour allumer le feu.

Notre caravane chemine lentement : en avant, Bel-Arby, très encapuchonné, dort sur un cheval blanc ; derrière, Ben-Atallah et Dahmane, juchés sur leurs meharis, puis les chameaux, marchant sur un rang, n'interrompant de fois à autre le balancement rythmé de leurs têtes couturées de cicatrices que pour allonger le cou et arracher une touffe d'épines qu'ils mâchent gourmandement. Enfin, en dernier lieu, les sokrars, armés jusqu'aux dents, les bras levés, le bâton posé horizontalement sur les épaules, habitude à laquelle le vieux Mohammed et Mohammed Ben-Cheki font seuls exception, le premier se hâtant lentement, pour tâcher de se maintenir à la hauteur de ses camarades ; le second, jouant de la flûte arabe. Le faible bourdonnement qu'il fait entendre le ravit, et il répète à satiété un motif très simple, le seul qu'il sache exécuter. Cette musique primitive n'éveille pas, comme la nôtre, des sentiments, des idées inconnues, mais elle berce la pensée et la détend. Pour moi, je l'écoute sans effort, dirai-je même avec plaisir?

Dans la plaine que nous traversons, aucun accident de terrain, à part l'erg Tellis, qui court à notre droite et va nous barrer le passage; à part aussi le tombeau d'un gourari, mort, dit-on, avant d'avoir pu arriver à El-Goléa : tombe sans nom, marquée seulement par deux pierres posées de champ, et foulée par les pieds des voyageurs. Enfin, à 3 heures et demie, nous atteignons l'erg Tellis, dunes ardues, difficiles à franchir, et nous campons sur le revers opposé, dans un pli de terrain riche en fourrage pour les chameaux.

Ce pli de terrain a surtout l'avantage de nous cacher aux yeux des coupeurs de route qu'on rencontre fréquemment dans ces parages. C'est même à cause d'eux que mes guides me font suivre la route des dunes, plus difficile et moins pourvue d'eau que les autres. C'est pour le même motif, sans doute, que Bel-Arby fait coucher mon chamelier, Ben-Chikh, ainsi que Dahmane Ben-Atallah et le vieux Mohammed, à côté de sa tente. J'allais oublier un chamelier meharzi qu'il a engagé à El-Goléa. Il revient de la Mecque, où il a été détroussé, ce qui l'a obligé à rester un an de plus en pèlerinage. Il n'en est pas moins fier du titre de *hadj* (pèlerin) qu'il a conquis : cela vaut une baronnie. Combien de personnes en France, entichées de manies nobiliaires, partiraient gaiement pour Jérusalem, si elles savaient en rapporter un titre! En attendant, El-Hadj-Mohammed (il s'appelle aussi Mohammed : décidément, c'est une maladie du pays) nous raconte les incidents de son voyage ; il est parti par In-Salah, Ghadamès, Tripoli et Suez, sans passer par Jerboub, résidence du chef des Snoussis, ce qui paraît étonner Bel-Arby : au retour, il a vu Tunis, Soukharas, Batna et El-Goléa. Il parle avec enthousiasme du chemin de fer et du bateau à vapeur ; cela ne l'empêche pas de me témoigner une certaine défiance.

L'erg Tellis, au pied duquel nous campons, barre complètement le cours de l'oued Seggueur. A partir de ce point, la rivière change de nom et prend celui d'oued Meguiden, qu'elle portera jusqu'à son embouchure dans la sebkha du Gourara.

5 décembre.

Départ à 6 heures et demie. Marche dans une plaine composée de hamada en partie recouverte de sable, et qui porte le nom de Guettat-ej-Jeleb. A notre gauche s'étendent deux lignes successives de dunes, puis les *gour* lointains. A droite, l'ergoffre une masse fauve, dentelée, coupée à certains endroits par un mirage, qui confond ensemble le ciel, le haut des dunes et une portion de la plaine. Ce phénomène se présente fréquemment en Afrique, lorsque le soleil frappe sous un certain angle les parties brillantes du sol; elles reflètent alors le bleu du ciel et peuvent être prises, soit pour des nappes d'eau, soit même pour des parties du ciel, si elles sont très rapprochées de l'horizon.

Chemin faisant, Bel-Arby me raconte qu'à l'endroit où nous avons couché, un grand combat a eu lieu, il y a quelques années, entre les Douï-Menia, les Touaregs et les Châamba. Cinquante-six de ces derniers succombèrent. Ce chiffre, relativement considérable, indique mieux que tout autre pourquoi celui de la population musulmane de l'Algérie a pu passer pour stationnaire, et même pour décroissante. N'étaient ces luttes meurtrières sans gloire et sans profit, le nombre des Arabes augmenterait rapidement. Il est excessivement rare de trouver une famille où il n'y ait qu'un ou deux enfants. Celles de six, huit et même davantage sont très communes ; et, malgré de déplorables conditions hygiéniques, le plus grand nombre des enfants atteint l'âge d'homme. Du reste, les deux puissantes tribus des Oulad-Sidi-Cheickh sont issues des dix-huit fils du saint homme, qui vivait au xve siècle : je doute qu'en Europe on puisse citer beaucoup d'exemples de fécondité semblables.

Après une courte halte dans de petites

dunes, nous reprenons notre marche vers le point où les deux areg qui bornent la plaine paraissent se rencontrer. C'est le col de Foum-Zegag, large de 200 mètres et long de 2 kilomètres. Comme nous en approchons, vers 11 heures et demie, nous apercevons des chameaux qui en débusquent. Nous arrêter, nous mettre sur la défensive, reconnaître enfin la caravane qui arrive, c'est l'affaire d'un instant. Elle se compose de sept chameaux et de quatre hommes bien armés. Ce sont des Bériziniens. Je charge un d'eux de compliments pour le khélifa.

Au bout d'une heure et quart nous arrivons au pied du *Moungar-M'a-oued-el-Talah*. C'est ainsi que s'appelle la gara vers laquelle nous nous dirigeons. C'est une montagne de 120 mètres de haut, noirâtre, rocheuse, sans végétation. Dahmane, le guide, s'impatiente. Notre course doit être longue, il ne faut pas nous attarder dans ces passages dangereux. On part à regret ; nous reprenons notre allure désordonnée à travers le reg, vers le nord-ouest.

Nous devons trouver des gommiers sur notre passage. Ce sont eux qui ont donné leur nom à l'oued El-Talah. Nous y arrivons à 3 heures. Ils sont au nombre d'une cinquantaine, dispersés sur une étendue d'un kilomètre carré, et de la forme et de la grosseur des beaux pommiers de la France. De près, on voit le feuillage finement découpé, et les épines caractéristiques de la famille végétale à laquelle ils appartiennent. Je cherche vainement de la gomme : elle a été enlevée par les caravanes. J'en trouve pourtant un échantillon brun noirâtre, qui me donne une teinture de couleur bistre très franche de ton. C'est en effet à cet usage que sert la gomme dans ce pays. La gomme blanche ou jaunâtre, c'est-à-dire celle qui a le plus de valeur pour nous, n'est pas utilisée : on ne prend que celle de couleur foncée, pour faire de l'encre ou teindre les étoffes.

Nous repartons presque aussitôt. A 4 heures, nous arrivons à Haci-Inhal, indiqué par deux pyramides de pierres brutes entre lesquelles il se trouve. Depuis longtemps je souhaite d'y arriver, car je meurs de soif : la température est très lourde. Heureusement, nous avons apporté une corde, un seau et même une outre pour faire provision d'eau, car celle de la caravane est devenue imbuvable. Nous mettons pied à terre. Dahmane se penche au-dessus du puits :

— Mort, me dit-il.

Cependant je me lasse d'apercevoir toujours à ma gauche le djebel Baten, sans pouvoir l'étudier. On m'a parlé de forêts de gommiers qui le peuplent et constituent une richesse naturelle encore inexploitée. Je voudrais aussi comparer la composition de ses roches avec celle des gours d'El-Goléa. Aussi demandé-je à Dahmane si nous ne nous rapprocherons pas du Bateni; bien au contraire, nous nous en éloignerons à partir d'aujourd'hui.

— Allons-y maintenant.

Dahmane prend le mehari de Bel-Gacem, se sangle fortement les épaules, la poitrine et la ceinture avec une pièce de toile, enfourche la *rahhela*, et nous voilà partis. Nous laissons derrière nous l'erg de Mahrouka et nous nous dirigeons en ligne droite à travers l'oued Meguiden sur la gara la plus rapprochée. Course effrénée dans un terrain ondulé, un peu rocailleux; le mehari est au grand trot et j'ai peine à le suivre au galop de mon cheval. Dahmane, bronzé, demi-nu, un bâton à la main, tenant en selle par un miracle d'équilibre, excitant sa monture du geste et de la voix, est vraiment beau d'énergie et d'audace.

L'oued Meguiden offre ici l'aspect d'une grande plaine un peu déformée par l'effacement de plusieurs gours dont les débris couvrent le sol. Depuis les centaines ou peut-être les milliers d'années que la rivière a cessé de couler, son lit a été comblé, et il est impossible de l'apercevoir : en certains endroits, l'eau de pluie s'est frayé passage à travers le reg, pour se concentrer dans des bas-fonds qui indiquent peut-être le niveau primitif de l'oued. C'est ainsi que nous traversons l'oued El-Talah, qui coule *vers le nord*, et va se jeter à peu de distance de nous dans une dépression de terrain.

Le Haci-Inhal, m'a dit Dahmane, est à sec. Je constate à mon tour qu'il est en partie comblé par le sable : il faudrait peu de temps pour le remettre en état, mais nous ne pouvons nous attarder. Le soleil décline et nous sommes encore loin de l'erg Sedra où nous devons camper. Dahmane remonte sur son mehari et me dit de me presser ; nous prenons une allure très rapide à travers le hamada. De temps en temps, mon guide se retourne et inspecte l'horizon : il a aperçu deux cavaliers à mehari qui paraissent nous suivre. Il me montre même leurs traces sur un terrain sablonneux. Mais nos montures sont extrêmement fatiguées. Je le fais observer à Dahmane.

— Après tout, dit-il, nous avons nos fusils.

Nous ne trottons que de loin en loin : heureusement le terrain est bon. Nous sommes en plein reg. Devant nous est l'erg Sedra et nous apercevons aux derniers rayons du soleil la caravane qui y arrive lentement. Il est temps pour nous d'arriver. Cette course d'une soixantaine de kilomètres en selle arabe finit par causer un malaise général, dû surtout à la nécessité d'avoir les jambes pliées. Dahmane, brisé, n'y tenant plus, je fais à pied les deux derniers kilomètres, en conduisant mon cheval « par la figure », comme disent nos troupiers. Mais quelques tasses de café brûlant me rendent un peu de bien-être; une heure après, il n'y paraît plus.

6 décembre.

Départ à 7 heures et quart par un froid vif : nous marchons à travers les dunes dont la direction générale est du nord-ouest au sud-est. Une demi-heure après nous arrivons en plaine.

Par delà les dernières pentes de sable finement ondulé qui composent l'erg Sedra s'étend la plaine de Miguiden, grisâtre, à perte de vue. Sur la gauche, le djebel Baten élève ses sommets réguliers, dont Dahmane me donne les noms : Bel Khenafig, Dhiba, Samani, Kerboub, Laggaïa, Ben Demam ; ces derniers, déformés par une sorte de mirage, qui ne laisse apercevoir que leur cime, comme noyée dans une nappe liquide.

Trois quarts d'heure après nous arrivons à la pyramide de pierre qui signale le Haci-Erg-Sedra ; nous nous arrêtons auprès du puits.

C'est un plaisir exquis de trouver de l'eau tiède mais limpide, au lieu du liquide amer et odorant que contiennent nos outres. Pendant qu'on vaque aux préparatifs du déjeuner, je tue une sorte d'alouette jaunâtre non huppée, que j'aperçois pour la première fois en Afrique.

Nos chameliers remplissent les outres et font boire les animaux, qui se battent avec des cris rauques pour s'approcher du puits. Il est bientôt à moitié tari et Mohammed descend de son propre mouvement au fond du puits, qui a huit mètres de profondeur, pour remplir les seaux qu'on lui envoie pendant plus d'une heure. Il remonte ensuite tout transi et se sèche, en commençant par la tête qu'il expose au-dessus d'un grand feu de retem, à flamme claire et sans fumée.

A huit kilomètres au nord, se trouve un autre puits, qui porte le nom de Haci-Djedid. Il a, paraît-il, la même profondeur que celui d'Erg-Sedra et se compose comme ce dernier et celui d'Inhal d'un trou creusé dans le sable à fleur de terre et entouré seulement de quelques pierres brutes pour empêcher les éboulements.

A midi un quart nous repartons vers l'ouest, en laissant sur notre droite l'erg d'Atrous. Nous traversons des terrains alternativement composés de hamada et reg et plantés de *nsi* et de baguel à fleurs blanches et roses. Mon cheval n'est décidément pas difficile pour sa nourriture; si je le laissais faire, il s'arrêterait devant chaque touffe pour la brouter. C'est sans doute son premier maître qui lui a inspiré ce goût pour les fourrages économiques.

Nous rencontrons successivement deux bas-fonds sablonneux qui paraissent être d'anciens oueds. Mes compagnons de route ne peuvent me donner aucun renseignement à leur sujet. Nous marchons groupés. Dans une caravane, les têtes des personnes qui la composent sont placées à trois hauteurs différentes, régulièrement étagées. Au rez-de-chaussée, les chameliers, à pied, pauvres diables ; au premier étage, les cavaliers, les djonad (nobles); aux deuxième, la classe intermédiaire, les chaoubs, les intendants, les parents pauvres. On peut ainsi d'un coup d'œil se rendre compte de la situation de fortune ou tout au moins du rang des différentes personnes qui composent une caravane.

Bel-Gacem cueille une plante que je lui montre, enfoncée dans le sable. C'est un végétal que j'ai rencontré dans le Sahara tunisien ; une sorte de grosse asperge noire à chair rose. Les Touati la réduisent en farine et en font du couscouss; on la nomme *tarsouts* : elle n'a ni feuilles ni racines.

Nous laisons à 2 kilomètres à gauche le Haci-Iekena et nous arrivons dans l'Erg-Atrous, où nous campons. Il est 3 heures et demie, le ciel se couvre rapidement, en même temps qu'un vent violent soulève le sable autour de nous. Nous nous dépêchons de camper.

Le soir, nous sommes réunis dans la tente de Bel-Arby. Devant l'entrée un grand feu sur lequel mijote le couscouss dans un entonnoir d'alfa. Je met mes notes en ordre pendant que mes compagnons causent bruyamment. Bel-Arby se met à chanter. J'écoute. C'est une légende assez originale que je saisis au vol.

« Sidna Moussa Kaumallah (notre seigneur Moïse, le porte-parole de Dieu), étant devenu vieux, reçut un jour la visite d'Azrim, l'ange de la mort : « Que me veux-tu ? — Je viens te dire que ton heure est venue. — Accorde-moi un répit pour faire mes adieux à mes proches. » L'ange y consentit, et Sidna Moussa alla demander à sa mère sa bénédiction. Elle pleura tant, la pauvre vieille, qu'elle en perdit la vue. Puis il alla frapper à la porte de sa maison, sa femme la lui ouvrit : « Comme tu es pâle », lui dit-elle. Il lui prit tristement la main : « Mon heure est venue ». Elle poussa un grand cri. « Il faut se résigner, ajouta-t-il, c'est la volonté de Dieu ! » Il l'embrassa ensuite, ainsi que ses enfants, et sortit, dans la campagne, à la recherche d'Azrim. En chemin, il trouva deux hommes qui creusaient une tombe et paraissaient exténués de fatigue. Il s'offrit pour les aider. Quand le trou fut fait, il leur demanda s'ils avaient pris la mesure du mort. « Non, lui dirent les deux hommes : mais il est de ta taille. Entre, et vois si elle est bien faite. » Sidna Moussa se coucha dans la tombe. Au même instant, Azrim apparut. « Je suis prêt, lui dit le prophète. — Bon, répondit l'ange, mais par où veux-tu que je commence ? Par les pieds ? — Non, ils sont sacrés, ils m'ont mené vers Dieu. — Par les mains ? — Non, elles ont écrit sous la dictée de Dieu. — Par la bouche ? — Non, elle a parlé à Dieu. — Par les yeux ? — Ils ont vu Dieu. — Par les oreilles ? — Elles ont entendu la parole de Dieu. » L'ange embarrassé alla se plaindre au Très-Haut de la difficulté qu'il trouvait à remplir sa tâche. Dieu remit à Azrim une pomme ; à peine Sidna Moussa l'eut-il respirée qu'il mourut, et son âme put enfin entrer dans les jardins arrosés de cours d'eau. »

7 décembre.

Départ à 7 h. 20. Temps froid. Nous marchons vers l'ouest dans un terrain couvert de petites dunes, et je remarque sur le sable fin la trace onduleuse d'un serpent. Je la suis quelque temps et la perds, à mon grand regret, dans un fourré de retems. Puis je rejoins Bel-Arby qui est malade et qui a pris comme vomitif du *chih* en infusion. Cette plante est d'un usage universel. Les Sahariens la fument en guise de tabac, nos chameliers en font une sorte de thé. Elle s'utilise aussi comme remède soit en infusion, soit en fumigations.

Après avoir traversé une plaine de hamada rouge, nous franchissons des dunes orientées du nord-ouest au sud-est. Cette direction est la même dans presque toutes les dunes que j'ai traversées. J'ignore à quoi est dû ce phénomène.

A 8 heures un quart, nous retrouvons la plaine avec ses alternatives de reg et de hamada et les éternels buissons de *dhomrane*.

Nous faisons halte dans des dunes. Notre déjeuner se compose de lièvre bouilli et de trois zelgag pris hier dans les dunes. Ils sont fort bons et préférables aux lièvres.

Nous nous remettons en route le long des dunes qui s'élèvent à notre gauche et que nous rejoignons bientôt. Mohammed est chaussé de sandales qu'il a achetées au Meharji : elles sont faites de cuir de bœuf, carrées, et se mettent à la romaine, à l'aide d'un cordon qui passe entre les deux premiers orteils. Près de lui marche Mohammed Ben-Chikh, le fusil derrière le dos, le burnous pittoresquement drapé par-dessus le canon de l'arme et flottant au vent. Il porte à la main une gamelle et ses lourds souliers arabes, de peur d'user ceux-ci, marche d'un pas mesuré, approprié à sa taille de géant.

Autour de nous s'élève un véritable bois

de *retems* qui ont jusqu'à 4 mètres de haut, ce qui est une jolie taille pour des arbustes; le *drinn* existe aussi en abondance. Ce genre de végétation cesse bientôt avec les dunes. Dans le hamada rouge et le reg qui lui succèdent se trouvent surtout du *zeïta*, de l'*alenda*. Nous marchons dans un terrain couvert d'efflorescences salines qui craque sous les pieds de nos chevaux. Devant nous est l'erg El-Hezenna, que nous rejoignons à 3 heures et demie dans lequel nous campons, à 2 kilomètres d'un bon puits appelé Haciel-Malah (le puits du sel).

8 décembre.

Départ vers 7 heures et demie : marche dans les dunes. A 8 heures, nous entrons dans une plaine de reg dépourvue de végétation, en laissant sur notre droite, très loin dans le grand erg, les puits d'El-Erez et d'El-Hadj-Chikh. Sur la gauche, on aperçoit au loin, vers le sud, les cimes du Kerboub et du Samane.

Nous arrivons vers 10 heures au Haci-El-Heuzenna. C'est un puits maçonné de 5 mètres de profondeur. L'eau en est très bonne. Pendant que nous attendons la caravane, le Meharzi allume un grand feu : il n'y reste que des braises au moment où les chameaux arrivent. Mohammed-ben-Chikh pétrit alors dans une gamelle de la farine grossière, mélangée d'eau. Il obtient ainsi une sorte de cataplasme épais, arrondi ; on le passe sur du drinn enflammé pour le sécher un peu, puis on enlève une partie des charbons et on pose la pâte sur le sable brûlant, on la recouvre de cendres, de sable et de braises chaudes.

Au bout de vingt minutes, on obtient un disque grisâtre sur lequel les charbons sont incrustés et forment des dessins bizarres. On appelle cela du pain dans le pays. C'est celui que nous mangeons depuis le départ, mais j'assiste pour la première fois à sa confection.

On me conte qu'un jour deux Arabes étaient en route. Ils avaient de l'eau et de la farine, mais pas de gamelle. Comment faire le pain ? Ils étaient inventifs et pas dégoûtés : un d'eux se coucha sur le sol, et son camarade lui pétrit la pâte sur le ventre.

Une heure et demie après, nous repartons. Le terrain est maintenant rocheux et forme de grandes dalles de grès rouge. Sur la droite s'étend une dune boisée de hauts retems. Nous entrons vers midi et demi dans la *iaba* (forêt).

Détail caractéristique, les Arabes donnent le nom d'arbre, non seulement aux arbrisseaux, comme le genêt, mais encore aux plantes ligneuses, comme le thym, et ils vous parleront gravement d'une forêt de lavande ou de bruyère, ce qui leur semble tout naturel. Le retem est un arbrisseau fort joli, à feuilles cylindriques et retombantes, à fleurs papilionacées blanches et noires, exhalant une odeur des plus agréables. Peut-être serait-il possible de l'acclimater en France. Ce serait une précieuse acquisition comme arbuste d'agrément.

Après 3 kilomètres de reg, nous retrouvons les dunes semées de *retems* et de *dhomrane*. Elles portent le nom d'Erg-Azima. Puis on retombe dans le reg, avec peu de végétation. De loin en loin, des blocs de grès rouge émergent du sol, sur lequel on trouve beaucoup de calcaire dur, gris jaunâtre, formant des boules ou des anneaux parfaitement réguliers.

A 4 heures et demie, nous atteignons les petites dunes qui précèdent celles d'El-Arigate. Nous campons au milieu de celles-ci à quatre heures.

9 décembre.

Départ à 7 h. 50. Marche vers l'ouest, dans une plaine de reg rougeâtre contenant beaucoup de végétation, et bornée à sept kilomètres au nord par l'Erg. Vingt minutes après, nous arrivons au puits de Mouleg-Gandouz, auprès duquel nous aurions pu nous installer; mes guides ne l'ont pas fait, par prudence. Ce puits a 5 mètres de profondeur; il ne contient pas d'eau en ce moment, mais il serait facile de le débarrasser des sables qui l'ont en partie comblé : c'est l'affaire de la première caravane qui passera.

A trois kilomètres et demi au N.-N.-O., on trouve la koubba de Mouleg-Gandouz. C'est un saint très vénéré, et les caravanes passent rarement de son côté sans laisser une *ouada* (offrande) pour les voyageurs nécessiteux. Bel-Arby me raconte à ce sujet des légendes singulières. Un Arabe, passant près de la koubba avec un nombreux troupeau de moutons, s'écria : « J'immolerais bien une vingtaine de mes bêtes en l'honneur du saint, si seulement j'avais un couteau... mais je n'en ai pas ! » A peine cela dit, un bélier arriva auprès de son maître en tenant un couteau entre ses dents. L'Arabe reconnut dans ce miracle la main de Dieu, et tint parole. Un autre ayant refusé de donner l'*ouada*, fut bâtonné pendant la nuit par des djinns (génies), etc.

Toute cette plaine, composée de reg et semée de blocs de grès rouge et gris, contient beaucoup de végétation. Un peu plus loin les dunes sont boisées de hauts *retems*. L'eau ne se trouve qu'à une faible profondeur, le sol est fertile, le fourrage abondant. On trouve à Mouleg-Gandouz tous les éléments favorables à la création d'un poste militaire destiné à protéger la route d'El-Goléa, si jamais des relations commerciales s'établissaient entre l'Algérie et le Gourara.

Après une courte halte dans les dunes, nous nous remettons en marche à 10 heures et demie. Outre le *retem*, on trouve dans ces parages un arbrisseau qui lui ressemble : c'est le *makh*, à fleurs jaunes, pareilles à celles du genêt.

Nous franchissons lentement les dunes de Mouleg-Gandouz ; j'y continue mon étude des traces laissées sur le sable par les divers animaux. Celle du cheval est presque ronde, profonde en avant ; celle du chameau ressemble à un trapèze arrondi présentant, à la partie antérieure, deux becs correspondant aux ongles de l'animal ; celle de la gazelle, un cœur élégamment dessiné. Le corbeau a une trace grumelée ; l'outarde laisse les empreintes de trois doigts ; les moineaux se devinent par des marques de leur sautillement ; les rats par des traces rondes. La trace de la khaïra, sorte de moufette, du gat *khilooui* (chat sauvage) et du *fenec* sont presque semblables, et il faut avoir l'habitude de chasser les félins qui les ont faites pour les distinguer. Les lézards marquent leur passage par les menues empreintes de leurs pattes et surtout le fouettement rapide de leur queue ; les serpents par les replis que laissent leurs anneaux ; les insectes, par un dessin compliqué que causent leurs pattes et le frottement de leur thorax contre le sable ; enfin deux pointillés parallèles indiquent la promenade d'une des grosses mouches abondantes dans ces parages. Les Arabes ont une extrême perspicacité pour reconnaître à quelle espèce d'animal appartiennent ces traces, et l'heure précise de leur passage. J'avoue humblement que je suis loin d'être de cette force.

Mohammed recueille dans un terrier de fenec une plante singulière, le *dahnoun*. C'est une tige écailleuse de la grosseur du bras, recourbée à la façon d'une corne. Elle a, paraît-il, des fleurs jaunes et des graines noires. Elle entre dans l'alimentation des habitants du Touat, qui la recueillent dans les dunes et la mangent crue ou cuite ; elle a à peu près le goût de la patate.

A midi, nous entrons dans une plaine de reg couverte de végétation ; puis, après avoir franchi une sebkha d'un kilomètre de long, nous rejoignons les dunes de gauche. — Elles sont pleines de traces de *rinn*, grande gazelle blanche spéciale à ces parages. — Après un court intervalle de reg, qui offre l'aspect d'une véritable prairie de *drinn* semée de *retems*, nous rejoignons les dunes. C'est là que nous attend une surprise désagréable.

Qu'on se souvienne de l'effroi de Robinson en trouvant les traces d'un homme dans son île, et on comprendra notre étonnement quand nous reconnaissons sur le sable les empreintes fraîches d'une trentaine de mehara et de deux chevaux. Cette troupe paraît se diriger vers le puits de Godamaia, où nous devons coucher ce soir. Nous délibérons.

En tout, nous sommes onze, armés de neuf fusils : nous pouvons résister, mais non nous frayer un passage. — J'élève des objections: peut-être bien est-ce une caravane? — Non, on ne voit pas de traces de chameliers. On me raconte alors une foule de choses que j'ignorais. L'homme qui a refusé de déjeuner avec nous à El-Goléa appartient au douar des Oulad-Bou-Douaïa, et c'est un cousin et un ancien compagnon de Bou-Amama. Il a fait entendre à Bel-Arby qu'il avait l'intention de nous attaquer avec quelques-uns de ses compagnons: Bel-Arby lui a répondu qu'il ne m'abandonnerait pas dans le danger, etc.

Tout cela mérite notre attention. Nous nous installons dans un pli des dunes, et Dahmane part à pied en reconnaissance, en se cachant derrière les moindres mouvements de terrain. Nous visitons nos armes. Puis, comme la reconnaissance traîne en longueur, et que les émotions m'ont terriblement creusé l'estomac, je tire de mon bissac des dattes et du pain et me mets à les manger, assis sur le sable : je crie à Bel-Arby de venir partager « mon modeste repas ». Il est occupé à nettoyer son fusil et me répond d'un air si mélancolique que je me mets à rire, malgré la gravité des circonstances :

— Comment peux-tu manger? Je t'assure que je n'ai pas faim.

— Ma foi, lui dis-je, avec un peu de fanfaronnade, s'il nous faut mourir, ne mourons pas du moins l'estomac vide.

Il suffit de cette plaisanterie pour ramener un peu de gaieté dans la caravane. Mes compagnons prennent quelques dattes et nous nous remettons en route. D'ailleurs, les nouvelles sont meilleures. Dahmane a vu les traces tourner à un kilomètre de nous et remonter vers l'est. Il est d'avis qu'on attend la nuit pour nous attaquer.

— Eh bien, allons au puits et organisons la défense.

Après une heure et demie de marche pénible dans les sables, nous arrivons au Haci-Gademaia, de six mètres de profondeur;

entouré de dunes riches en végétation. Nous profitons des dernières lueurs du jour pour camper à un kilomètre du puits. Les caisses et les ballots sont placés en demi-cercle, de manière à former une espèce de retranchement. Nous couchons en plein air, enveloppés dans nos burnous et nos haïks. Dahmane, Ben-Chikh et Ben-Atallah parcourent les environs pour voir s'il n'y a rien de suspect ; mais rien ne vient troubler la tranquillité de la nuit.

10 décembre.

Départ vers 8 heures. Marche dans le sable : beaucoup de végétation. Rien de suspect jusqu'à 10 heures. A ce moment, nous rencontrons une caravane. Elle s'arrête ainsi que nous. Des pourparlers ont lieu, le fusil à la main. Nous constatons que nous avons affaire à des Châamba qui vont du Gourara à El-Goléa.

Ce sont des amis de Dahmane, de grands diables bronzés à mines de brigands, ayant des fusils comme pour aller à la pêche. Ils déjeunent avec nous de pain et de beurre et nous apprennent que nous n'avons rien à craindre. Les traces que nous avons vues sont celles du goum de Metlili à la poursuite d'un *razzou* (bande organisée pour faire une razzia) de Châamba dissidents.

Nous rions de nos alarmes et nous cheminons plus gaiement. Chemin faisant le Meharzi tue un *ourane* (grand lézard) gris à dessins jaunes, à tête de crocodile. Il lui a coupé le cou pour pouvoir le manger. Décidément, les Arabes ne sont pas difficiles en fait de nourriture.

Alternatives de reg et de dunes. Végétation très abondante. Nous apercevons enfin des palmiers à l'horizon, ce sont ceux de Souiniate : il s'y trouve un puits contenant de bonne eau. Nous les laissons à 5 kilomètres sur notre gauche, et, après avoir traversé une sebkha, nous campons à 2 heures et demie dans les dunes : il faut laisser pâturer nos chameaux, car demain nous ne trouverons pas de fourrages sur notre chemin.

Je dépouille l'ourane, et Bel-Gacem le fait frire. Cuit, il a l'air si appétissant, que je me laisse tenter et le croque avec Bel-Arby. Ce lézard est déclaré délicieux : il fait une heureuse diversion au couscouss mélangé de suif et de beurre rance qui compose habituellement notre repas du soir.

11 décembre.

Départ à 7 h. 45. Marche vers le nord-ouest, dans de petites dunes pourvues d'une abondante végétation. Trois quarts d'heure après, commencent les grandes dunes presque entièrement arides. Elles n'ont ici que 3 kilomètres d'épaisseur. Nous y rencontrons deux Mcharza montés sur des mehara : ils vont à la recherche de deux chameaux malingres que nous avons aperçus hier dans la plaine de Souiniate où ils sont en train de se refaire; ils nous donnent des nouvelles de Si-Kaddour, qui a arrêté la razzia des dissidents.

Nous voici dans une grande plaine uniforme appelée Ras-er-Reg. A 9 kilomètres en avant de nous s'étend la ligne fauve et onduleuse des dunes avec des taches d'un vert foncé qui indiquent des oasis. Vers l'ouest, une série de palmiers barre l'horizon; ce sont ceux de Cahantas, vers lesquels nous nous dirigeons.

Nous entrons dans le Tinerkouk, portion septentrionale du Touât : il est habité par les Meharza. En voici cinq ou six qui passent et qui viennent nous serrer la main. A mesure que nous avançons, on me dit les noms des oasis que nous apercevons : Tahantas, Tabelcoza est au nord-est, Haci-Reg avec une cinquantaine de palmiers.

Peu à peu l'élégante silhouette des palmiers de Tahantas se dessine mieux à l'horizon. En nous approchant, nous distinguons un *bordj* rougeâtre, des dunes palissadées, des murs crénelés entre les jardins. Nous voici arrivés devant la porte de la ville. Quelques hommes assis nous souhaitent d'un air somnolent la bienvenue : « Que le salut soit sur vous! » puis viennent nous serrer la main. Mais comme on ne nous invite pas à entrer dans le village, nous nous asseyons à l'ombre des remparts. Bientôt les Meharza disparaissent. Un esclave nous apporte une corbeille de dattes et une casserole d'eau et voilà tout.

Aussitôt que notre caravane arrive, nous dressons les tentes. Bel-Arby, qui a l'air préoccupé, prétexte une affaire importante pour partir avec Dahmane pour Tabelcoza. Sur leur recommandation, je m'enferme dans ma tente et attends patiemment leur retour.

Ils reviennent au bout de deux heures, l'air peu satisfait, et répondent vaguement aux questions que je leur pose, mais il est clair que le village ne veut pas nous recevoir.

Le soir, pourtant, on apporte une maigre dhiffa, composée de couscouss à la viande sèche et de dattes pour nous et nos chameaux.

— Je profite de la nuit pour mesurer le ksar. C'est un rectangle qui a 65 mètres de long sur 50 de large : il n'a qu'une seule porte, étroite, tournée vers le nord. A chacun des angles existe une tour carrée de 3 mètres de côté, destinée à renforcer les murailles attenantes. Les remparts sont composés de briques creuses ; il suffirait d'un coup de canon pour les jeter par terre. La population de Tahantas est d'environ 250 âmes.

Je fais ici une fâcheuse découverte : sortant pour la première fois mon théodolite de la caisse qui le contient, je m'aperçois que les verres des deux niveaux sont brisés. Cependant il était emballé avec soin, et les tubes sont assez épais pour résister à des chocs un peu violents. En examinant de plus près la caisse, je m'aperçois que les vis qui la fermaient sont faussées. On a dû enlever le couvercle et briser les niveaux, soit par maladresse, soit par malveillance. J'interroge en vain mes gens : ils ne savent rien ou font semblant d'ignorer la cause de cet accident.

Ce n'est pas le seul qui m'arrive. J'ai eu deux thermomètres brisés avant El-Goléa. J'en possède heureusement un troisième que je conserve avec un soin jaloux. Mon chronomètre s'est aussi arrêté près du Mouleg-Gandouz. Je me sers d'une des montres emportées pour faire des cadeaux : elles ne sont pas bonnes, mais suffisent pour mesurer le temps mis à parcourir telle ou telle étape.

12 décembre.

Départ à 8 heures ; il fait un froid piquant, amené par le vent du nord qui souffle avec violence. Nous traversons un cimetière dont les tombes sont marquées à la manière arabe par une pierre posée de champ à chacune des extrémités. Sur quelques-unes sont placés de vieux tessons, sans doute pour les reconnaître. Un bordj abandonné se trouve sur la gauche de la route. Nous en rencontrons beaucoup sur notre chemin. Ainsi, j'en aperçois deux au sud-ouest. Ces ruines rougeâtres sont d'un bel effet dans le paysage. Je demande à Bel-Arby s'il existe des ruines romaines dans le Gourara. Je suis tout de suite exactement renseigné.

Le Gourara était autrefois la tête des possessions romaines ; ainsi Pharaon commandait depuis la mer Rouge jusqu'ici : il y a même près de la sebkha un village qui a conservé le nom de Faraoun. Tu vois bien......

Nous marchons sur un terrain sablonneux à concrétions gypseuses. Sur notre gauche s'élèvent des collines de faible hauteur : au delà, on voit la chaîne des dunes que nous avons franchies en venant de Souïniate ; les dunes existent aussi à 2 kilomètres sur notre droite.

Jusqu'à la sebkha du Gourara, nous cheminerons ainsi dans une sorte de couloir pratiqué entre les deux areg. Ce couloir va en se rétrécissant de Haci-Reg à Tahantas et en s'élargissant de ce dernier point à la sebkha : son minimum de largeur est d'environ 3 kilomètres.

Au bout d'une demi-heure nous nous trouvons à hauteur des premiers palmiers de Zaouïet-ed-Debagh. L'oasis barre complètement la vallée entre les dunes et détache des avant-postes très au loin dans la plaine : une petite koubba blanchit à notre gauche à travers les palmiers ; un canal d'irrigation (*foggara*) barre le chemin et l'on entend le ruisselet bruire joyeusement entre les pierres qui le contiennent. Nous cherchons une place abritée dans les jardins, et finissons par nous installer derrière une dune. Le froid est de plus en plus désagréable ; aussi nous hâtons-nous de nous installer dans nos tentes.

Zaouïet-ed-Debagh est un hameau habité par des marabouts et composé de trois groupes d'habitations situées au milieu de l'oasis, qui comprend une dizaine de mille de palmiers... La population s'élève à environ 200 âmes. C'est la seule oasis du Teiner-Kouk qui soit arrosée par des canaux d'irrigation ; toutes les autres le sont par des puits.

Dans la journée, Bel-Arby, qui n'a pas grande confiance dans l'efficacité de mes remèdes, fait venir un *taleb* pour soigner son embarras gastrique. Un petit vieux, chafouin, les yeux perçants, la barbe grise coupée suivant les prescriptions du Coran, un burnous crasseux, des lunettes énormes, un gros livre manuscrit qu'il lit avec componction ; des prières dites en commun, puis une longue conférence, voilà la scène. Il s'agit de savoir si Bel-Arby prendra dans un verre d'eau « des intestins de poulet desséchés et réduits en poudre », ou s'il se contentera d'une prière écrite sur un morceau de papier. Dans ce cas, on lave la prière dans une gamelle et on boit l'eau qui a servi à cet usage. Voyez combien est simple cette médication. Les pharmaciens ne feraient pas fortune dans ce pays. Bel-Arby choisit ce dernier remède. Je prête le papier, il avale l'eau : le *taleb* gagne 25 francs, et le tour est joué. Le malade se déclare guéri.

La crédulité est excessive dans ce pays. Mohammed porte cinq scapulaires de maroquin rouge suspendus à un collier de fils de cuir tressés qu'il a apportés du pays des Touareg. Comme je lui demande ce que contiennent les sachets, il en tire des prières destinées à le préserver des maladies, du mauvais œil, des balles, etc... Il y a joint des petits morceaux d'étoffe empruntés aux vêtements de marabouts influents. Cela porte bonheur, me dit-il; il me montre également un charme écrit avec du safran : il sert à se faire aimer et l'a éprouvé. Sa maîtresse commençait à lui montrer moins de tendresse. Il lui plaça le papier trois fois sur l'épaule sans qu'elle le sût : depuis, elle est folle de lui.

Dans la journée, Bel-Arby, qui est décidément de mauvaise foi, veut que je lui paye la somme que je lui ai promise, pour l'époque de l'arrivée de Si-Kaddour. — Je lui résiste poliment, mais avec fermeté.

A 12 ou 14 kilomètres à l'est dans les dunes se trouve la petite oasis de Aaci-Rameg, sans habitants.

13 décembre.

Départ à 8 heures. Nous nous dirigeons vers le sud-ouest, en laissant à 100 mètres sur la gauche le bordj ruiné de Gsiba, bâti au sommet d'une petite colline. A droite, nous longeons les palmiers de l'oasis, où des corbeaux s'envolent lourdement. C'est un oiseau qu'on rencontre fréquemment dans ce pays troublé.

A un kilomètre, dans la même direction, s'étendent les dunes qui envahissent peu à peu les jardins.

Chemin faisant les palmiers s'espacent, diminuent, disparaissent, pour faire place à une plaine de reg, sans grande végétation. Un peu plus loin, le sol est fouillé à une faible profondeur, des dalles de grès sont brisées. Elles ont servi à faire des moulins à main, dont se servent les femmes arabes pour préparer les repas de chaque jour. Nous passons entre trois collines ; sur la plus éloignée à notre gauche se voient des ruines informes.

Chekh-Bel-Abed me raconte qu'elles sont très anciennes et antérieures à la domination musulmane. Il n'en faut pas davantage pour piquer ma curiosité. Je fais un crochet et vais examiner ces débris. Ils forment le reste d'un fortin à peu près carré, bâti en pierres au sommet d'une colline, qui domine la plaine surtout du côté du sud ; mais il ne reste rien d'entier qui puisse indiquer les auteurs de cette construction.

Je reprends la direction de la caravane, en laissant sur la droite un autre bordj ruiné, bâti aussi en pierres, mais de construction récente ; il a 20 mètres de côté. Près de là, les restes d'un canal d'irrigation et deux ou trois vieux palmiers marquent les traces d'anciennes cultures.

A 400 mètres de là s'élève sur la gauche une autre forteresse abandonnée. A 2 kilomètres plus loin, nous trouvons une koubba, monument presque informe, de base rectangulaire, construit en briques crues, et couronné par une boule de poterie verte. Tout autour est un cimetière. A 100 mètres de là s'étalent dans les dunes quelques jardins, à côté d'habitations ruinées. Plus loin à 500 mètres, mais sur notre chemin, se trouve un ksar ruiné offrant une masse imposante. Je la photographie malgré le froid ; c'est là que Bel-Arby me rejoint. Il était resté à Zaouïet-ed-Debagh pour achever sa cure. Il en paraît très satisfait.

Nous approchons d'Audghar : les palmiers, d'abord clairsemés dans la plaine, se rapprochent, se groupent, et finissent par former une forêt. Un bordj ruiné, qui porte le nom de Moula-Ismaïl, rappelle la domination marocaine. C'est là que le sultan entretenait un goum de 400 chevaux. A cette époque aussi, Audghar était florissant : il possédait dix-huit sources qui alimentaient une très grande oasis. Les dunes se sont avancées peu à peu, malgré les haies de palmiers qu'on leur opposait; elles ont comblé les sources, et maintenant c'est tout au plus si le ksar compte 300 habitants. Nous l'apercevons à 700 mètres sur notre droite, derrière les hautes dunes qui l'assiègent, mais nous le dépassons et nous allons nous installer un peu plus loin, auprès d'un bordj ruiné qui nous abrite des rigueurs du vent du nord. Il est situé sur une petite colline de grès jaune et de poudingue. L'*agga* croît en abondance tout autour.

J'examine sa construction, identique à celle des bordjs de Tahantas et de Zaouïet-ed-Debagh. Il est défendu par une double muraille dans l'intérieur de laquelle court un couloir à deux étages, large de 2 mètres et permettant d'utiliser deux lignes de créneaux superposées. Des maisons remplissent le bordj en se serrant les unes contre les autres.

Pendant que nous déjeunons, Dhamane va

acheter pour moi à Oudghar un *demmane* ou mouton du Soudan. Cet animal porte des poils au lieu de laine, et a toute l'apparence d'une chèvre, sauf la queue, qui est longue et maigre. Nous décidons de le manger le soir même. Au départ, Mohammed grimpe sur un chameau et fait la route en tenant le *demmane* entre les bras.

La végétation disparaît peu à peu pour faire place au reg uniforme : des collines de faible hauteur courent sur notre gauche. Nous traversons successivement trois bas-fonds ; près de l'un d'eux croissent en abondance de hauts roseaux. La végétation reparaît (*agga el drinn*) et nous nous arrêtons vers 2 heures et demie dans un endroit appelé Aoud-ech-Chane, et riche en fourrages.

Deux Touatis qui nous ont rejoints partagent notre repas du soir. Bel-Arby ne manque pas de me les proposer comme compagnons. Je réponds invariablement que j'attends l'arrivée de Si-Kaddour avant de prendre aucune décision à ce sujet. Je suis d'autant plus disposé à temporiser, que l'un des hommes proposés est presque aveugle; d'autre part, je tiens essentiellement à ne mécontenter personne, dans un pays que je prévois hostile à mes projets.

14 décembre.

Départ à 7 heures 50. Nous cheminons dans une plaine de reg semée d'*agga*. Cette plante est singulière, elle a en guise de feuilles de petites boules vertes et jaunes, gaies à l'œil : ces fleurs, presque invisibles, sont blanchâtres et les graines sont renfermées dans une élégante capsule à six compartiments[1].

Comme nous entrons dans une sorte de sebkha, nous apercevons deux cavaliers qui passent sur notre gauche. Dhamane m'emprunte vivement mon fusil et court au-devant des inconnus. Il nous les ramène bientôt.

---

[1]. A un kilomètre sur notre droite s'élèvent les dunes; celles de gauche se perdent à l'horizon. Quatre kilomètres après, on trouve une hamada de calcaire dur; puis apparaissent des blocs rocheux, bientôt remplacés par le reg semé d'agga.

C'est le cheikh des Khenafsa d'El-Hadj-Guel-
mann et son neveu. Le premier se nomme
Hanou-Ould-el-Hadj-Ahmed. C'est un homme
d'une soixantaine d'années, rose, souriant,
le nez fortement busqué, la barbe frisée, l'air
d'un beau rabbin. Il me serre la main, puis
se met à parler avec volubilité de « Sidi-
Kaddour », qui, paraît-il, « est son ami ».

Pendant ce temps, nous nous sommes
arrêtés, et nous déjeunons auprès d'un bon
feu. Je remarque que ni le cheikh, ni son
neveu n'acceptent rien de ce qu'on leur offre.
Nous repartons à dix heures et demie. Le
caïd nous devance pour prévenir ses gens de
notre arrivée.

Au pied des collines s'étend, grise et coupée par des bandes vert sombre, la sebkha du
Gourara, dont la pointe septentrionale, large
de 1500 mètres, porte ici le nom d'Oued-
Mebrouk. Sur la gauche, des collines sont
escarpées et à pic. Cette disposition a valu à
la partie du Touât où nous sommes le nom

d'El-Djireifat (les escarpements). A droite, au contraire, commencent les ondulations fauves des dunes, qui s'étendent à perte de vue; mais, çà et là, elles sont aussi interrompues par des taches de verdure et une colline. Le coudiat Kalis apparaît au milieu de ces vagues de sable comme une coque de bateau à demi submergée.

Nous descendons dans l'oued à 80 mètres environ en contre-bas et nous y faisons halte pour attendre les chameaux. La chaleur est accablante dans ce fond abrité du côté du nord. Je profite de ce repos pour faire l'ascension d'une colline voisine[1]. Ben-Tallah, qui m'accompagne, me dit successivement le nom de tous les points intéressants de l'horizon. A 3 heures nous repartons. Peu après, nous traversons la petite oasis de Mebrouh, avec le ksar du même nom, pittoresque, perché sur une colline. Il est abandonné depuis cinq ans,

---

1. Composée de grès et de calcaire cristallin.

une source qui l'alimentait ayant soudainement disparu.

A 3 kilomètres de là, après avoir dépassé les ruines de Ba-Salin et Ballalas, nous trouvons Semmota, petit hameau qui n'a que 150 habitants. Il est entouré de ruines. Quelques-unes, placées dans des gours escarpés, produisent un fort joli effet. Bel-Arby me dit d'un air mystérieux :

— Je t'ai promis de te montrer les traces de la mer. Tiens, voilà le port là-bas. C'est de là que partaient les bateaux à vapeur.

Je regarde dans la direction indiquée. A une cinquantaine de mètres d'altitude, une ruine est placée dans un creux de rocher. Cela a plutôt l'air d'un nid d'aigle que d'un port de mer ; j'élève quelques objections.

— En es-tu bien sûr? Qu'est-ce qui te le fait croire?

— Mais on voit bien que c'est un port. C'est de là que partaient les bateaux de Pharaon.

Il ne sort pas de là, et en profite pour me citer divers passages du Coran, si bien que je cesse de l'écouter.

Devant nous grandit peu à peu l'oasis d'El-Hadj-Guelmane, qui se confond avec ses voisines, de Babaïda, de Zaghiart et de Tiliouin. Deux gours escarpés se dessinent au delà et masquent en partie la grande sebkha : le ksar apparaît avec ses murailles de briques crues nettement dessinées. Nous en faisons le tour, et allons nous installer à l'ouest dans une allée de palmiers qui longe la muraille de ce côté. Un groupe de Khenafsa vient nous parler et nous adresser le compliment d'usage : « Bienvenue et aise » ; quelques-uns nous serrent la main. Le cheikh arrive à son tour, mais il montre à mon égard une très grande froideur. Il nous verse le café ; puis, vers 5 heures, nos chameaux étant arrivés, nous établissons nos tentes à une cinquantaine de mètres de là.

El-Hadj-Guelmane est un des villages les

plus importants d'El-Djerifat. Il se compose de deux ksour (El-Kasba et El-Ksar) séparés par une centaine de mètres et commandés par deux frères rivaux. La population libre s'élève à environ 500 habitants, la plupart appartenant à la tribu de Khenafsa, venue d'El-Goléa, il y a plus d'un siècle.

Les Khenafsa sont agriculteurs et commerçants et font opposition sous ce rapport aux Châamba et aux Oulad-Sidi-Cheikh. Leur instinct commercial et leurs mœurs relâchées les rapprochent beaucoup des Tunisiens. Ici, il n'y a pas de négociants attitrés : mais en faisant leurs provisions, les Khenafsa, comme le père de M. Jourdain, prennent des marchandises en dépôt, « qu'ils cèdent pour de l'argent à des amis », en se contentant d'un bénéfice de 50 pour 100. J'ai commencé à faire des achats. Le cheikh m'a fait avertir obligeamment qu'il serait heureux de me voir lui donner la préférence; j'ai accédé à son désir, et il en a profité pour me vendre à des prix inimaginables le sucre, l'huile et le thé dont j'avais besoin.

La culture est bien entendue : le fumier, les cendres sont soigneusement recueillis, et les femmes et les esclaves sont constamment occupés à les transporter dans les jardins, où les nègres travaillent tous les jours : cet engrais sert à faire pousser sous les palmiers de l'orge, du blé, des oignons, des navets, des choux, un peu de coton et de tabac. Le nombre des dattiers s'accroît chaque année. En ce moment l'oasis d'El-Hadj-Guelmane me paraît avoir la même étendue que celle de Gafsa (250 000 arbres) ; elle s'étend dans le fond de la sebkha, et, grâce à des pépinières et à de jeunes plantations, elle rejoint presque celle des Oulad-Saïd, plus grande encore. De même, les oasis de Zimimoun-El-Kef, etc., envahissent le lit de l'ancienne mer, et l'on peut dès à présent prévoir le moment où la sebkha entière formera une immense forêt de palmiers.

J'ai parlé des mœurs relâchées des gens du Touât; elles sont favorisées par l'agglomération des maisons et l'absence totale des chiens. Ici, comme le dit le général Daumas, l'amour est la grande affaire. La femme occupe chez les Khenafsa une position supérieure à celle de ses sœurs de l'Algérie. Elle ne se voile pas, prie parfois en public, peut causer librement avec les hommes, et n'a pas de rivales officielles auprès de son mari. Le Khanfoussi n'a qu'une épouse à la fois. Il est vrai qu'il la renvoie quand elle a cessé de lui plaire, pour en épouser une autre. Tel est le cas du cheikh Kamnou. Il a divorcé avec sa première femme Aïcha, pour en prendre une seconde, Mimouna, fort riche, paraît-il. Le cheikh me dit: « Elle est excessivement intelligente; quand je suis absent, elle commande à ma place. »

Les noms des femmes sont généralement harmonieux (Mima, Salma, Bakka, Mikkia, Jemma, Mimilina, Fathma), et plus doux que ceux de l'Algérie.

Aïcha vient souvent dans le camp. C'est une vieille femme maigre, ridée, déguenillée, aux doigts crochus, aux longues tresses nattées aux pieds nus, qui ramasse dans le sable des noyaux de dattes pour les bestiaux. Elle m'a demandé successivement diverses petites choses que je lui ai données : une assiette, du sucre, un foulard, etc. Un jour elle me questionne sur les usages de notre pays et me demande si nous avons plusieurs femmes, si nous les battons, etc. Sur mes réponses, elle s'écrie en soupirant : « Ah! vous êtes plus près de Dieu que les Arabes ! Pourquoi n'ai-je pas vécu chez les chrétiens ! »

Je m'éloigne, et elle dit à Bel-Gacem, crûment :

— Si ton maître veut des femmes, pourquoi ne s'adresse-t-il pas à moi ? Je me chargerai de la commission.

Cette proposition ne me surprend pas : mes compagnons ont tous des maîtresses dans la casbah.

Aïcha nous parle souvent de son fils Ahmed, mort il y a trois mois. Il a laissé plusieurs enfants, dont une fille très jolie, dit-on, qui va se marier dans quelques jours. La pauvre vieille pleure en nous disant combien il était craint et aimé à la fois dans le pays : « S'il vivait encore, me dit-elle, on te recevrait dans la casbah, et la meilleure maison serait pour toi. »

Le costume des Khenafsa est le même que celui des Algériens du Sahara : un haïk de laine retenu à la tête par un cordon de poil de chameau ; une gandoura ou chemise sans manches et un ou deux bernous complètent ce costume, auquel pourtant il convient d'ajouter un gros chapelet et des *belr'a*, pantoufles de laine blanche ou de maroquin jaune.

Les plus riches portent le bernous noir du Sahara (djerdi), dont la pointe est en drap bleu. Les femmes ne revêtent pas comme en Algérie ce costume informe qui les fait ressembler à des « blocs enfarinés ». Elles ont ici un vêtement presque élégant : un haïk rayé de blanc, noué sous le menton et faisant une coiffure à la vierge, puis retombant en plis amples autour du corps, auquel il est lié par une cordelière de laine à gros glands de couleur : quelques-unes drapent même ce haïk derrière elles de façon à former ce que les Françaises appellent une tournure. Ainsi vêtues de blanc, marchant lentement dans leurs jupes traînantes et faisant sauter à chaque pas les glands de leur cordelière, ces femmes à peau blanche et à grands yeux noirs avivés de koheul ont un charme singulier.

Les nègres esclaves ou *haratin* (affranchis) sont généralement vêtus d'un pantalon et d'une gandoura presque aussi courte qu'une blouse et serrée à la taille par une ceinture de cuir : pour coiffure une *chechia* graisseuse, rarement le haïk. Chez les esclaves ces habits sont en lambeaux, et quelquefois à peine suffisants pour voiler leur nudité. Les négresses portent en guise de robe un haïk de laine fendu sur les côtés jusqu'à la ceinture, retenu aux épaules par des agrafes et serré à la taille par une corde de laine : le soir elles remontent ce haïk au-dessus de la tête et s'en coiffent. Toutes portent des verroteries blanches ou rouges, mêlées à des ornements de cuivre, des bracelets de faïence et de corne, et des *kholkhal* (anneaux de chevilles) de fer ou de cuivre. A ces ornements elles ajoutent des *cauries*, petits coquillages univalves qui servent de monnaie au Soudan : elles les assemblent, les cousent sur du cuir et se font ainsi des colliers. Toutes ont la chevelure partagée en une foule de petites tresses gommées d'un effet très bizarre, surtout sous la pièce d'étoffe noire dont elles se coiffent à l'imitation des femmes de Khenafsa.

Le nombre des esclaves est très grand à El-Hadj-Guelmane. On en trouve de trois à dix par maison, les négresses sont en majorité. Un esclave ne vaut pas cher : 500 francs tout au plus. La marchandise a cours. On peut la mettre en gage absolument comme une autre. Ces nègres étaient, jusqu'à présent, amenés par les caravanes venant de Tombouctou et du Haoussa. J'ai ici même la confirmation de ce que m'avait dit le marchand d'esclaves de Goléa. Depuis un an la djemmâa de Tombouctou a interdit officiellement la traite des nègres. Ce trafic ne se fait plus qu'en cachette, ce qui a fait diminuer les relations commerciales entre le Touât et le Soudan.

La nourriture se compose presque exclusivement de dattes dans la classe pauvre; chez les plus riches, du couscouss mal cuit mélangé de lentilles et très épicé, ce qui, dit-on, affaiblit la vue. La viande est rare et ne se mange presque jamais fraîche, mais le plus souvent salée et séchée au soleil. Une cinquantaine de chèvres et de *demman* constituent la richesse ovine d'El-Hadj-Guelmane : ils paissent des brins d'herbe, un peu d'*agga* et se nourrissent surtout de dattes de qualité inférieure. On donne aussi ces fruits aux chameaux et aux chevaux, mais ces derniers ne se trouvent pas très bien d'un pareil régime.

Par suite du manque de fourrage, je suis forcé d'envoyer mes chameaux pâturer fort loin : ils restent le plus souvent trois jours dehors. Une fois je vois le quatrième s'écouler sans que mes animaux reviennent : le bruit court qu'ils sont volés. Je suis dans une inquiétude mortelle ; mes chameaux disparus, il me serait impossible de poursuivre mon voyage, car je n'ai plus assez d'argent pour en acheter d'autres. Heureusement, mes craintes étaient vaines : on en a volé deux, mais le chamelier a pu se les faire rendre.

Le coton récolté ici est beau et solide : le tabac, qu'on vend seulement en feuilles, est petit, noirâtre et de qualité très inférieure. Bel-Gacem et Farradji en sont inconsolables. Enfin, ils le hachent de leur mieux et le fument, soit dans d'imperceptibles pipes noires qui servent ici à l'usage du kif (chanvre indien), soit plus simplement dans un fémur de mouton raclé avec soin.

La population habite des maisons de briques crues : à la moindre averse la moitié d'entre elles tombent en ruines : aussi les Khenafsa appréhendent-ils la pluie autant que les Arabes algériens la désirent. Ils n'en ont pas besoin : les sources alimentent toujours leurs canaux. La casba d'El-Hadj-Guelmane (Gasbet Hammon) est aussi construite en pisé les pierres n'entrent dans la composition de la muraille que jusqu'à la hauteur de 2 mètres. Cette casba, dont la construction ne remonte pas à plus de quinze ans, est faite avec plus de soin que les autres édifices du pays. Elle a quatre tours et deux portes, l'une au nord, l'autre au sud : celle-ci, la principale, est munie d'un tambour en pisé qui la protégerait en cas d'attaque. L'autre ksar n'est pas fortifié aussi complètement, mais un mur crénelé entoure ses jardins et le relie à un village abandonné situé à 1 kilomètre au sud-ouest. Cette portion d'El-Hadj-Guelmane est commandée par El-Hadj-Mohammed, frère du cheikh, enragé Marocain.

Bien m'en a pris de n'avoir qu'une tente d'apparence modeste : en la voyant déchirée, rapiécée, on commence à douter de ma richesse ; car, au dire de beaucoup, les quatre petites malles qui constituent tout mon bagage sont pleines d'argent.

Ma tente, de mon invention, n'a guère qu'un mètre de haut et a une forme bizarre due au support de hamac et aux étais qui la soutiennent. Comme les anciennes demeures des Numides, elle a la forme d'un bateau renversé. Mais elle est bien commode dans ce pays où les nuits sont d'hiver et les jours sont d'été. Il suffit d'enlever un bâton et d'ajouter quelques épingles pour la clore presque hermétiquement, d'ôter un piquet et d'étendre un bernous pour la rendre fraîche ; en outre elle résiste aux plus grands vents.

J'y ai placé ma malle ordinaire, la caisse de pharmacie, les armes, quelques provisions, et je travaille tranquillement, n'étant dérangé que le matin, par les chèvres et les *demman* qui se rendent au pâturage et viennent me flairer dans mon lit, ou dans la journée par les gens qui me demandent des médicaments.

La tente de Bel-Arby est à 50 mètres de la mienne. Les bagages à peu près à mi-chemin : mes hommes couchent auprès. Je suis ainsi délivré de leur bavardage, ce qui constitue un avantage inappréciable.

Le jour de mon arrivée à El-Hadj-Guelmane, Bel-Arby m'a promis de me faire loger dans une maison et entrer dans la casba. Le lendemain, c'était autre chose. Il faut faire un fort cadeau au cheikh Amou, qui montre à mon égard une réserve de plus en plus grande. Je m'y refuse, du moins jusqu'au moment où il m'aura rendu des services. Sur ce, grand mécontentement du cheikh. Il me dit que jamais Si-Kaddour ne m'a recommandé à lui, que jusqu'à l'arrivée du khalifa il me traitera en étranger, et m'invite presque à partir. Je lui déclare que s'il ne peut me garder je partirai pour Bou-Zid et que j'informerai Si-Kaddour de sa décision. Cette menace le fait réfléchir. Il paraît plus bienveillant; je lui offre un joli revolver. Il l'accepte, mais comme Bel-Arby lui a fait espérer mieux, à partir de ce jour il affecte de nous dire en plaisantant, chaque fois qu'il nous voit, que nous sommes pauvres. Cela m'est bien égal.

Bel-Arby, déçu de ce côté, imagine autre chose. Sa pauvre tête désoccupée, qui me fait penser à un gros boisseau sous lequel on aurait mis une toute petite lumière, est toujours en travail. Il a dû faire le serment de me laisser partir sans argent, car tous les jours ce sont d'éternels recommencements. Enfin il me demande la somme que je lui ai promise. Je refuse nettement en lui répondant que ce sera pour l'arrivée de Si-Kaddour. Il insiste, puis m'assure qu'il va me quitter; je l'en défie. Il se hérisse, me menace; je le mets à la porte. Alors il annonce à grand bruit son départ, m'envoie son chamelier pour que je le paye (c'est la même prétention qu'à El-Goléa), bref un beau tapage. Je persiste dans mes refus. Il fait semblant de partir. Le cheikh et Dahmane, qui sont vainement venus m'offrir de le désintéresser, l'arrêtent, et Hammon lui donne la somme convenue. Je fais prévenir le cheikh que j'entends n'entrer pour rien dans cette combinaison. Bel-Arby reçoit l'argent, se répand en menaces contre moi; je reste dans ma tente. Le lendemain, ayant été sermonné par ses amis, il vient me demander pardon. Je le lui accorde à regret, car la scène de la veille m'a fortement ennuyé. Il me fait les plus belles protestations d'amitié et de dévouement. Je sais à quoi m'en tenir là-dessus.

Le système monétaire du Gourara est très-compliqué : on se sert surtout de l'*ougia* (pièce de 0 fr. 30) du Maroc et de la *minien*

(0 fr. 20) française, qui vaut ici 0 fr. 23. La première est subdivisée au couteau en demies et en quarts (mizounat), ce qui est un moyen très pratique de faire de la monnaie. La pièce de cinquante centimes marocaine s'appelle *zebega* (quart de rial). Puis viennent trois monnaies fiduciaires, le *frak* ou franc (0,90), le *réal* qui vaut 1 fr. 80, et le *mitagas* 3 fr. 30, pièce de *Amenia ouaq* turque, vaut la moitié d'un soltané ou pièce de cinq francs en argent.

Au surplus, voici le tableau qui indique la valeur et la provenance des monnaies employées au Gourara.

ARGENT.

Mizauna (marocaine)......	vaut.	» 08
Tmenien (pièce de 0,20 franc).	—	» 23
Ougia (marocaine).......	—	» 30
Roega (française ou marocaine).	—	» 50
Frak dzaïri (française)....	—	1 »
Rial dzaïri (id.).....	—	2 »
Aménia ouaq (turque).....	—	2 50
Mitgal (marocaine)......	—	3 30
Soltani (française).......	—	5 »

Les monnaies de cuivre ne sont pas admises : pour celles d'or, on reçoit seulement la pièce de vingt francs, et encore elle passe difficilement. On se sert aussi de monnaies conventionnelles : le *frak tonati* et le *riab tonati*, qui valent 0 fr. 90 et 1 fr. 80.

Les pièces françaises sont acceptées de préférence à celles de l'Italie ou de l'Espagne, contrairement à ce qui se passe en Algérie, où le *douro bou-medja* espagnol est préféré à notre pièce de cinq francs.

J'étais très content de Mohammed le Touâti. Intelligent et actif, il m'a demandé à m'accompagner à Tombouctou, et j'y ai consenti volontiers. Le jour de ma grande discussion avec Bel-Arby, il profite de la préoccupation générale pour demander à aller acheter du blé aux Oulad-Saïd et disparaît avec une trentaine de francs et un revolver. Le soir, je m'inquiète de son absence; j'envoie à sa recherche et j'apprends qu'il est parti pour Timmimoun et de là pour Deldoun, où demeure Bou-Amama. Je suis très chagrin de cette trahison, mais me garde d'en rien faire paraître, en présence de la joie de Bel-Arby. Et comme il s'étonne de mon indifférence :

— Mon Dieu, lui dis-je, pourquoi me chagrinerais-je de cette affaire? Mohammed a perdu un bon maître, et moi un mauvais domestique ; quel est le plus volé de nous deux ?

Cette réponse est approuvée de tous les assistants, et Bel-Arby convient que j'ai raison. J'en profite pour demander des renseignements sur Bou-Amama. Il est établi à Deldoun avec une vingtaine de ses partisans, parmi lesquels les Djeramna, assassins du lieutenant Wembrenner, et y vit de ses crimes. Il avait été ruiné par les Doui-Menia, les Beni-Guil et autres pillards marocains. Heureusement pour lui, il a trouvé dans la crédulité populaire le moyen de refaire sa fortune. Un propriétaire de Deldoun avait vu disparaître les sources qui alimentaient ses palmiers. Il promit la moitié de ses jardins à celui qui leur rendrait leur ancienne prospérité. Bou-Amama vint, étudia le terrain, fit quelques fouilles, une prière, et les sources de sortir de terre, et le bon peuple de crier au miracle. Aussi, on ne parle de lui qu'avec le plus profond respect. D'autre part, j'ai appris qu'il faisait des préparatifs de guerre. Il a quatre-vingts charges de chameau de poudre, et tout le jour on en fabrique de nouvelle et on fond des balles dans sa maison.

Justement « Sidi » Bou-Amama s'est ému de ma présence ici et a envoyé à la *djemâa* (assemblée des notables d'El-Hadj-Guelmane) une lettre de menaces à mon adresse. Timmimoun et les Oulad-Saïd ont suivi cet exemple. On ne manque pas, chaque fois, de venir m'en avertir; je réponds invariablement :

— Que voulez-vous que j'y fasse? c'est l'affaire de Si-Kaddour. Adressez-vous à lui;

si vous n'êtes pas contents de me voir ici, c'est lui qui m'y a fait venir.

Personne n'est dupe de mon déguisement, et j'en suis bien aise; il est bien dur de renier sa nationalité. Dès le premier jour, j'ai appris que des parents du cheikh m'avaient vu à Géryville, avec Si-Hamza. Peu après, un bon vieux qui se nomme Taïeb et vient souvent m'importuner, me raconte le voyage du commandant Colonieu il y a vingt-cinq ans, et me demande :

— Est-il vrai que vous vous exposiez à ces périls pour autre chose que de l'argent?

— C'est vrai, lui dis-je. Nous le faisons pour l'honneur. Ici j'entreprends de lui faire comprendre ce que c'est que le patriotisme; je n'y arrive pas facilement.

— Comment, me demande-t-il, tu te ferais tuer pour ton pays, s'il le fallait?

— Certainement, et volontiers.

— Et vous êtes tous comme cela, dans votre pays?

— Tous, fais-je sans hésiter.

— Ah! les Oulad-Français, vous êtes une grande nation. Nous autres, nous nous faisons tuer pour l'argent, mais pas pour l'honneur.

Je lui sais gré de sa franchise; d'ailleurs, bien qu'on ne nous aime pas dans cette partie de l'Afrique, on nous reconnaît certaines qualités. Celle qui étonne le plus les Arabes est notre fidélité à tenir notre parole. La bonne foi française est proverbiale dans ce pays où la *fides punica* est la seule pratiquée.

Le Touât a ses Capulets et ses Montaigus. Ils se nomment ici les Ihamed et les Sefian. Au premier parti appartiennent presque tous les Arabes, surtout les Khenafsa et les Meharza. Ce serait le parti le moins hostile aux Français. Dans le second, on range les *Zenata*, originaires du Touât et incomplètement arabisés; ils parlent un dialecte berbère, sont hostiles à notre influence et constamment en relations avec le Maroc. Pourtant le Touât s'est déclaré indépendant de ce dernier pays, en 1836, après le sac de Timmimoun, et ne lui paye plus d'impôts depuis cette époque.

L'origine de ces partis reste indécise : on naît Ihamed ou Sefian, et on se bat en conséquence, voilà tout. Il ne se passe pas d'années sans coups de fusil échangés de part et d'autres. Il y a de cela quinze ans, les Ihamed allèrent couper les canaux de l'oasis de Timmimoun. Les Sefian de cette ville les poursuivirent et leur tuèrent 260 hommes, ce qui obligea les Ihamed à se tenir tranquilles pendant un certain temps. L'année dernière, ils tuèrent pourtant une trentaine de Sefian, chez les Oulad-Daoud.

Les Ihamed sont plus nombreux, les Sefian plus courageux ; du moins c'est ce qu'on dit dans le pays.

Le Touât compte une population d'environ 300 000 individus. Son territoire est partagé entre une foule de ksour (dont on évalue le nombre à 365) presque tous indépendants les uns des autres, n'ayant d'affinité que pour se ranger sous le drapeau d'un parti et combattre le parti adverse. C'est à tort que nous les rangeons sous des étiquettes spéciales, du moins dans le nord du Touât. Chaque village, si minuscule qu'il soit, a son chef et entend n'obéir à personne. Il y a fort peu d'exceptions à cette règle. On ne peut citer que deux ou trois groupes de villages qui aient consenti à obéir à une autorité commune : tels sont Timmimoun, les Oulad-Saïd et Deldoun.

La partie nord-ouest du Touât comprend : 1° le Tinerkou, habité par les Meharza ; il y a quatorze ksour avec une population libre de 4100 personnes ; 2° le Gourara, partagé lui-même en quatre groupes principaux : El-Djereifat-Hamed, habité par 2550 Khenafsa avec quinze ksour ; Timmimoun, ksar indépendant et vingt villages sont peuplés de 14 800 âmes ; les Oulad-Saïd ont seize villages avec 5300 individus ; enfin Kali, qui n'a que 1500 marabouts.

Il y a douze oasis entre la sebkha et l'Oued-

Saoura avec vingt-deux ksour et une population de neuf mille âmes.

Ces chiffres des habitants sont, bien entendu, approximatifs : ils résultent de renseignements pris dans le pays, auprès de personnes bien informées. La population esclave ou affranchie n'est pas comprise dans ce nombre; on peut l'estimer à environ le tiers de l'effectif.

Le Touât est indépendant du Maroc depuis 1835 ; il a cessé depuis cette époque de payer des impôts au sultan. Cela n'empêche pas les Touâtis de se réclamer hautement du sultan, chaque fois que la France fait un pas de leur côté. « Je suis oiseau, voyez mes ailes.... » Cependant les choses sont loin d'être encore au même point qu'il y a vingt-cinq ans, alors qu'on recevait à coups de fusil le commandant Colonieu. Les conquêtes de la France se sont consolidées, son prestige étendu ; de nombreux Touâtis ont émigré en Algérie ; d'autres y vont à chaque instant pour y faire du commerce, et y constatent les heureux résultats de notre domination. Les Meharza et les Khenafsa tendent surtout à se rapprocher de nous. Deux jours après mon arrivée, les caïds de Tihouin et de Taghiart sont venus me saluer, en me disant textuellement : « Tu es ici dans ton pays : ici, c'est comme Géryville et Tiaret, les Oulad-Sidi-Cheikh et les Français sont nos frères. » Un caïd des Meharza m'invita aussi à aller chez lui, en me disant que les Tinerkouk et l'Algérie étaient unis par l'amitié.

Je sais bien que ces phrases se ressentent de l'exagération orientale; elles n'en sont pas moins un symptôme de l'attraction exercée par une puissance civilisée sur les peuplades environnantes. Que le sultan fasse valoir ses droits sur le pays, ou seulement que le drapeau français flotte à Tombouctou, et nous verrons le Touât demander tout le premier à avoir avec nous un lien solide et durable.

En attendant, le vrai maître du pays, c'est Si-Kaddour. Profitant de son prestige religieux et militaire, il donne des ordres aux *djemâas*, prélève des impôts, frappe d'amendes les récalcitrants; en un mot, se conduit en souverain incontesté. Cette année, chaque ksar a été mis à contribution de douze charges de dattes.

Un trait particulier du pays, c'est l'administration de chaque village par un cheikh héréditaire surveillé par une djemâa, ou conseil municipal, formé des notables de la localité. Dans les grandes agglomérations, comme à Timmimoun, chaque quartier a son cheikh et les quatre chefs se concertent chaque fois qu'il leur faut prendre une décision importante, intéressant l'oasis tout entière.

On ne doit pas s'étonner de la fréquence des combats dans une contrée où le salpêtre abonde dans la sebkha, et où la poudre européenne vaut 5 francs, et celle du pays 2 francs la livre. Nous sommes à l'époque du Mouloud (naissance de Mahomet), et, pendant huit jours, on n'entend que des coups de fusil de tous les côtés, pour célébrer la fête.

Il y a aussi des danses dans les villages ; chaque femme danse à son tour, pendant que les hommes chantent ou font du tapage à coups de tam-tam ou à coups de fusil. J'ai vainement essayé d'assister à ces bals. Le jour même du Mouloud, il y eut une grande *ouada*, donnée près d'une koubba voisine d'El-Hadj-Guelmane. Vers 5 heures du soir, j'entendis des chants et un bruit de tam-tam. C'étaient des nègres d'Ouazzan fixés ici qui dansaient à leur manière. Je m'approchai pour les voir, mais leur chef leur enjoignit de mettre fin à la cérémonie, pour qu'un chrétien ne la souillât pas de sa présence, et je dus rentrer dans ma tente sans avoir rien vu.

Le bruit qu'un médecin européen est arrivé à El-Hadj-Guelmane s'est rapidement répandu. Mes soins sont gratuits, c'est là une nouveauté très appréciée dans le pays. Aussi vois-je affluer les malades. Le cheikh met fortement à contribution ma petite pharmacie. Pour les autres, quelques doses de quinine ou d'huile camphrée et quelques purgatifs (c'est là toute ma science) suffisent à me débarrasser d'eux. Il y a pourtant des cas embarrassants : un borgne qui me promet six œufs si je lui rends la vue ; puis un homme dont la femme est depuis sept ans dans une situation intéressante, « l'enfant dort, il faudrait le réveiller ». Je me contente de leur donner à chacun un vomitif, cela les occupera un certain temps.

Me voici passé émule du docteur Sangrado. Pour compléter la ressemblance, je viens de perdre un de mes malades, un poitrinaire à qui j'avais donné un vomitif. Je crois bien qu'il en est mort. Mais j'ai poussé la conscience jusqu'à me faire décrire la manière dont il a été enterré. Je crains que mes confrères de France ne négligent cette formalité. Peut-être serait-ce ajouter un trop grand surcroît de travail à leurs occupations.

peut-être aussi s'endurcit-on à la longue. Je verrai bien si je m'y fais la main.

Quelques malades me demandent des extraits du Coran, de préférence aux remèdes, je leur donne ce qu'ils me demandent; si cela ne leur fait pas de bien, du moins cela ne leur nuit pas. Il en est ainsi d'un Khanfoussi qui se plaint de ce que sa femme n'a pas d'enfants. Je lui dis de me l'envoyer, que je lui donnerai ce qu'il lui faut. Elle vient peu après et je lui remets un extrait de la sourate XXIV. Je ne sais si le vœu de son mari a été exaucé.

Après avoir traversé une partie de la sebkha, nous nous engageons dans une vallée pierreuse, sans végétation. Dahmane nous fait contourner la gara principale avec la préoccupation visible de nous dérober aux regards des Khenafsa et des Oulad-Saïd. Puis nous montons le long d'une pente ardue à travers des blocs de grès rougeâtre envahis par le sable. Arrivés près du sommet, nous nous arrêtons.

A nos pieds s'étend la sebkha immense et grise. Au loin, à une quinzaine de kilomètres, apparaît la rive opposée, avec la tache sombre de l'oasis Timmimoun noyé dans une brume légère. Quelques hauteurs des palmiers isolés interrompent çà et là la monotonie du chott : du côté du sud-sud-ouest, la vue est barrée par deux groupes qui font partie des Coudiat-Kheïla et élèvent à cent cinquante mètres d'altitude leurs masses grises, sans végétation. De chaque côté, on peut suivre les contours de ce que j'appellerai le golfe de Timmimoun avec les nombreuses oasis qui le bordent.

Tous ces villages sont pittoresquement bâtis au pied de falaises rougeâtres, très découpées et semées de ruines. Plus loin, s'étendent les dunes, avec deux oasis qu'on devine dans les sables, Telalt et Badriane. Sur la droite, la côte est plus rapprochée, mais moins bien définie, à cause du voisinage des dunes, qui ont sans doute envahi une partie de la sebkha, et de la proximité des oasis limitrophes, Arlal, Kali, Oulad-Saïd, qui empiètent de leur côté sur le lit de l'ancienne mer.

Je prends note de tous ces détails, et fais deux photographies en posant sur une pierre la chambre noire, car je n'ai pas emporté le pied de l'appareil, trop encombrant et surtout trop visible. Après quoi, nous gagnons le sommet de la gara, sommet caillouteux, horizontal, bizarrement partagé par des lignes de pierres dont on n'a pu me fournir l'explication. De là j'achève de prendre note des environs en relevant les positions de Mebrouk, Semmota, Tiliouin, Taghiart, Babaïda, El-Hadj-Guelmane et Lazoura. Puis nous redescendons par une pente unie de sable fin qui se dérobe sous nos pas et glisse en même temps que nous jusqu'au pied de la montagne.

Les Coudiat-Kheïla sont à environ 130 mètres au-dessus du niveau d'El-Hadj-Guelmane.

Cette excursion fait grand bruit dans le pays, malgré les précautions que nous avons prises : on pense que j'ai entrepris cette ascension pour pouvoir *écrire la contrée*, et l'on redouble de surveillance autour de moi.

20 décembre.

Des délégués de Timmimoun sont venus chez les Oulad-Saïd pour se concerter avec eux à mon sujet : on a appelé le cheikh Hammon pour lui faire donner des explications sur ma présence ici ; je lui remets sur sa demande le laisser-passer signé du chérif d'Ouazzan, très vénéré ici, et il part sur le cheval de Bel-Arby.

L'après-midi il revient avec les délégués. Bel-Arby et Ben-Atallah passent la soirée avec eux et l'on me prévient que je serai interrogé le jour suivant par les Sefian de Timmimoun et des Oulad-Saïd.

Le lendemain matin, en effet, on vient me chercher. Je me rends à la tente de Bel-Arby : une quinzaine de personnes sont réunies, la plupart étrangères et armées jusqu'aux dents. Les principaux se nomment : El-Hadj-Ahmed-

Ould-Daoù et El-Hadj-Belkacem, cheikhs de deux des quatre quartiers de Timmimoun, et Mohammed-Ould-Basalem, cheikh des Oulad-Saïd. Ce qui complique la situation, c'est que Dahmane a, paraît-il, tué le frère de ce dernier, il y a quelques années.

— Que le salut soit sur vous! dis-je en m'approchant. Je m'assieds à l'entrée de la tente à côté de Bel-Arby, et l'interrogatoire commence.

— Qu'es-tu venu faire dans ce pays?

— Je voyage, je dois aller plus loin, et j'attends Si-Kaddour, qui m'a dit de le faire.

— Avec qui es-tu?

— Si-Bel-Arby a dû vous le dire : je suis avec les Oulad-Sidi-Cheikh.

— As-tu un passeport du sultan du Maroc?

— Non, je ne crois pas que cela soit nécessaire : les Gourara viennent en Algérie sans passeport du président de la République. Ils se présentent aux autorités locales, et cela suffit.

— Mais nous avons reçu l'ordre du sultan de ne laisser passer aucun Européen. Il faut te constituer prisonnier jusqu'à ce que Moula-Hassan ait décidé ce qu'il faudra faire de toi.

— Je suis prisonnier du cheikh Hammon.

— Cela ne suffit pas : tu vas venir avec nous.

Je me mets à rire : la proposition ne me semble pas sérieuse. On m'en fait une autre :

— Si cela ne te convient pas, retourne dans ton pays.

— Je demande huit jours de réflexion.

— Non, décide-toi tout de suite. Tu nous donneras une réponse avant notre départ.

J'appelle Farradji et Bel-Gacem. Ils arrivent tous deux en traînant la jambe : je les montre aux délégués.

— Si quelqu'un s'informe des causes de mon renvoi, il vous demandera : si je faisais du mal dans le pays? — Vous répondrez :

Non, il soignait les malades sans se faire payer; si je me livrais à des intrigues politiques ou religieuses? — Non, il ne voyait personne; si je déployais un grand luxe? — Non, il habitait une pauvre tente; si j'avais amené un grand nombre de soldats? Vous direz alors : Il avait avec lui Ferradji et Bel-Gacem, et nous avons tremblé.

Quelques assistants se mettent à rire : les délégués perdent de leur assurance. Le cheikh Hammon ajoute perfidement :

— Enfin, tu choisiras entre les deux partis qu'on t'a proposés : ces hommes vont se retirer pendant que tu réfléchiras.

On me laisse seul avec nos compagnons et le cheikh.

— Eh bien? me demande Bel-Arby, qui ouvre la bouche pour la première fois.

— Eh bien? fais-je ironiquement, car je devine un complot. On me demande mon avis? Je vous répéterai ce que j'ai dit cinquante fois, c'est que pour rien au monde je ne retournerai en Algérie. Reste à savoir si vous voulez que je me constitue prisonnier.

— Non, répondit-on à la ronde.

— Je n'y tiens pas non plus. Eh bien, restons ici. Si l'on veut nous attaquer, nous nous défendrons.

Le cheikh propose à mes compagnons une place dans la casbah en cas de danger ; quant à moi, on me laisserait où je suis. Dahmane seul refuse d'accepter cette belle combinaison. Je comprends à l'attitude de Bel-Arby et de Ben-Atallah le fond que je dois faire sur eux. Le cheikh développe subitement sa pensée : si on le laisse faire, il fermera la bouche à ces gens-là, mais on ne fait rien sans argent.... Puis il sort brusquement. Je comprends, il me faut débourser ou me voir abandonné de tout le monde. Je dois faire la part du feu, et gagner du temps à tout prix. Dahmane me met au courant des intentions du cheikh. Il veut 250 francs, plus le remboursement de ce qu'il a avancé à Bel-Arby. Après avoir mûrement réfléchi, je m'exécute à contre-cœur. Les délégués sont déjà partis, emportant mon refus de sortir du pays ; ce qui n'empêche pas Ben-Atallah de me raconter ensuite que l'argent leur a été donné, et même que le cheikh a ajouté 50 francs de sa poche. Bel-Arby renchérit encore sur ce chiffre ; c'est 100 francs que, selon lui, je dois à Hammon. Je l'envoie promener avec raideur ; je lui en veux de son attitude pendant le débat, et je sais de source certaine qu'il a eu sa part du gâteau.

Avant de partir, les délégués ont défendu de nous offrir la dhiffa et même de nous vendre des provisions : si bien que nous sommes en détresse pendant deux jours. A la fin j'annonce que je donnerai mes soins aux seuls malades pourvus de provisions. Quelques poulets étiques, recrutés ainsi, me permettent de vivre : je dis *me* permettent, car, à la fin, me lassant de nourrir Bel-Arby, qui en a pris la douce habitude depuis quelques jours, je me suis décidé à manger seul, pour ne pas mourir de faim. *Indè iræ.* Bel-Arby veut au moins que je nourrisse ses chameliers, ce à quoi je me refuse énergiquement.

Cela ne l'empêche pas de faire de petits tripotages : il achète un burnous blanc, reçoit du caïd un beau revolver et troque à celui-ci un cheval contre une jeune négresse qu'il brutalise et qui se met à pleurer chaque fois qu'elle l'aperçoit. Puis il veut me vendre à un prix excessif un médiocre chameau et échanger une mauvaise carabine Gras contre un fusil neuf du même système, dont j'ai armé Ferradji. Je cite ces quelques faits, mais je ne pourrais énumérer les demandes qu'il me fait tous les jours : mon chronomètre, mon cheval, des foulards, du chocolat, et même, Dieu me pardonne ! la main de ma nièce, qui a six ans !

J'ai trois amis à El-Hadj-Guelmane : El-Arby, Si-el-Hadj El-Arby, un Châambi qui vient parfois nous voir ; Mohammed est un petit tailleur à qui j'ai donné de l'ouvrage par compassion ; il est dans la misère et je le soigne chaque jour, un médecin du pays lui ayant brûlé les poignets pour guérir un mal d'yeux, il y a deux mois. Mes gens l'appellent *coto-coto*, à cause de je ne sais quelle histoire de coq volé, chantant chaque fois qu'on frappait l'outre dans laquelle il était caché.

Si-el-Hadj Abderrahmane est un marabout marocain, bon vivant, le teint fleuri, la main toujours ouverte... pour recevoir. Les marabouts partagent avec les rats ce privilège, d'être les seuls animaux gras du pays. Si-el-Hadj m'a pris en amitié et il est sincère avec moi, chose rare dans cette partie du monde. Il dîne parfois avec nous et raconte des histoires qui ont le privilège de faire rire immodérément Bel-Arby. En voici un échantillon :

« Un jour un Arabe entre chez un de ses amis qui l'invite à dîner. La dhiffa apportée, le maître de la maison, contrairement aux usages, met le premier la main au plat et mange gloutonnement. — Comment, lui dit son hôte, tu m'invites et tu dévores tout? — Ils commencèrent à se disputer, puis à se battre. La femme de l'amphitryon se mit de la partie : au plus fort de la lutte, les bâtons qui soutenaient la tente tombèrent et la tente avec eux, sur le plat de couscouss. Alors, enfants de pleurer, femme de crier, chiens d'aboyer et de manger la dhiffa. Les deux hommes eurent de la peine à sortir de dessous la toile et ils se séparèrent brouillés à mort. »

D'autres contes arabes sont impossibles à répéter à cause de leur trivialité ; il n'y a pas que le latin qui brave l'honnêteté ; l'oriental aime le mot cru, et ses histoires sont le plus souvent grossières.

On me prie quelquefois de dire mon mot, et je tâche de me rappeler Boccace ou La Fontaine. Ces vieux *ana* ravissent d'aise mes auditeurs et leur paraissent de charmantes nouveautés. Il en est de même, je crois, des contes orientaux qui nous parviennent, usés et défraîchis, mais neufs pour nous. De même, aussi, je le crains, pour le commerce entre l'Europe et le Levant.

Si-el-Hadj me parle souvent du Maroc et des splendeurs de sa capitale et quelquefois de son père, tué par les Français à l'Oued-Guir. Le jour du Mouloud, il a été à Timmimoun voir la fête, fort brillante, paraît-il. Les burnous multicolores, les vêtements de soie, les fusils damasquinés d'or et d'argent, rehaussaient l'éclat de la fantasia. Détail qui a son importance, Si-el-Hadj a laissé sa femme ici et a été à Timmimoun avec une jolie mulâtresse qu'il a pour esclave et qu'il a mariée à son chaouch. Ce dernier est resté ici. Personne ne trouve rien à redire à ce procédé.

Si-el-Hadj est *djouad* (noble) et, en cette qualité, mendiant. Il a reçu 20 francs de Bel-Arby, 15 de Dahmane, et me fait demander une offrande. Je lui donne un louis qu'il accepte en souriant et noue dans son foulard.

D'autres marabouts, mokaddems, mendiants, etc., sont venus me demander de l'argent. J'en ai donné un peu à chacun : je n'en ai refusé qu'à deux personnages, le neveu et le chaouch de Bou-Amema, qui ont eu l'audace de se présenter devant moi. Le chaouch ressemble beaucoup au portrait d'Abd-el-Kader qu'on voit à Versailles. Figure pâle, noble, méditative; beaux yeux, longue barbe noire de forme carrée. En Afrique, il faut se méfier des belles figures, elles appartiennent généralement à la race arabe pure, fanatique et entièrement rebelle aux idées européennes.

Si-el-Hadj et Bel-Arby, très patenôtriers, ont entrepris de me convertir et me pressent de faire la salat (prière musulmane), car dans ce pays on s'invite à prier ensemble, comme en France à prendre une consommation. Je leur dis qu'on juge un arbre à ses fruits et une religion à ses sectateurs; que, chez les musulmans fervents, le mensonge, le vol et le meurtre sont choses communes. Est-ce que Si-el-Hadj ne m'a pas dit connaître à Figuig un homme qui a commis cent trois assassinats et qui cesse de se servir d'un fusil quand cette arme a tué trente personnes? En Europe, cela ne se verrait pas.

— C'est vrai, me répond-on. Vous êtes plus honnêtes que nous, vous ne mentez pas, vous ne volez pas, vous ne tuez pas. Priez, et vous serez parfaits.

— Ma foi, leur dis-je, Dieu jugera entre nous. Que préféreriez-vous, un domestique probe, consciencieux, ne cherchant querelle à personne, mais ne parlant jamais à son maître; ou un serviteur malhonnête, débauché, faisant tout le contraire de ce qu'on lui dit, mais en même temps hypocrite et flatteur?

— Nous aimerions mieux le premier, répond-on sans hésiter.

— Eh bien, je pense que Dieu fera comme vous. Nous sommes le premier serviteur, vous le second; ainsi, prenez garde, on pourrait bien vous renvoyer!

Cette réponse les étonne, mais ne cause pas une impression bien durable sur leurs esprits.

Les mensonges recommencent à fleurir autour de moi. Tantôt c'est Bel-Arby qui m'assure avoir vu les Oulad-Saïd marcher contre nous et retourner chez eux, il ne sait pourquoi ; tantôt c'est lui et le cheikh qui me certifient que Si-Kaddour ne viendra pas et qu'il importe de me transporter dans l'Ouoguerout pour organiser mon départ. On m'amène même un affranchi apportant la nouvelle que Si-Kaddour a reçu l'ordre de venir demeurer à Géryville et qu'il a préféré faire défection. Selon moi, c'est une absurdité, et le khelifa doit venir : je l'attendrai donc. D'ailleurs, je prévois que les aventures d'El-Hadj-Guelmane recommenceraient dans l'Ouoguerout, et je ne me soucie pas d'aller me placer sans raison à portée de Bou-Amema ; enfin, je ne veux pas quitter El-Hadj-Guelmane sans l'avoir visité : ce serait un fâcheux précédent.

Je me décide à écrire à Si-Kaddour pour lui demander si, oui ou non, il viendra cette année au Touât et pour le prier de me donner des lettres de recommandation, dans le cas où il ne viendrait pas. J'envoie Mohammed-ben-Atallah pour porter cette missive. Il me promet qu'il sera de retour dans vingt jours.

Le jour même, il se passe quelque chose de singulier. Le cheikh Hammon, passant près de mes bagages, avise, sortant d'un sac, l'extrémité de mon parapluie de peintre. Il le tire, l'examine avec attention, en loue la forme et la solidité. Le soir même, le parapluie disparaît ; mais le voleur oublie de prendre la pique qui termine le manche. Le lendemain, le caïd vient, écoute les plaintes de mes gens, promet de faire faire des recherches et me demande quelle récompense je donnerai à celui qui le retrouvera. Je promets 5 francs. Il trouve sans doute que ce n'est pas assez, car il ne le retrouve pas. Mais, détail à noter, il veut emporter la pique en me disant :

— Donne-la-moi ; cela ne te sert à rien maintenant.

Je prétexte qu'elle me sert à soutenir ma tente : il me la laisse à regret. Mais j'ai bien soin de la garder toujours avec moi : le cheikh pourrait bien lui faire prendre le même chemin qu'au parapluie.

Quelques jours après, je parviens à savoir que le parapluie se trouve chez le caïd, où il a été porté par Ben-Chikh. Je me garde bien d'en rien dire avant l'arrivée de Si-Kaddour.

Mes sokrars appartiennent en effet à la même catégorie que ces personnages de Bonaventure des Periers qui « n'attendaient point que les choses fussent perdues pour les trouver ». Beaucoup d'objets ont ainsi disparu, sans que je pusse prendre un voleur sur le fait. Du reste, ce n'est pas la seule peccadille qu'ils aient sur la conscience. Chikh-bel-Abed a fait un an de prison à Bou-Khamfis : il prétend que c'est pour avoir voulu rentrer à Géryville, après avoir fait défection. Quant à Ben-Chikh, j'ai appris ici qu'il a commis deux ou trois assassinats au Maroc ; il en plaisante volontiers.

L'affranchi en question raconte, devant Bel-Arby, qu'il a trouvé près de Timmimoun un minerai, sans doute d'argent. Là-dessus l'imagination du gros homme s'exalte, il ne rêve plus que lingots. Il prête son cheval à l'affranchi, qui reste absent 48 heures. D'où inquiétudes, fureur, accusation à mon égard d'avoir fait perdre l'animal. Enfin l'autre revient, apportant son fameux minerai que je reconnais du premier coup d'œil pour de la pyrite de fer.

Je fais mes provisions de voyage. J'achète pour 100 francs de blé au caïd, de l'orge pour mon cheval, du café, deux chèvres, etc.

Le blé doit être transformé en couscouss et en rouïna. A cet effet le cheikh Hammon m'envoie huit négresses qui, munies de moulins en pierre, convertissent le grain en farine, puis tamisent celle-ci dans des cribles de peau de mouton et gardent la plus grossière, y compris le son, en quantité très minime ici, pour faire le couscouss.

Cette dernière opération est singulière : un peu d'eau salée est jetée sur la farine qu'on manie avec la paume de la main; les grains se forment, on ajoute tantôt de la farine, tantôt de l'eau de manière à amener la *mchamsa* à la grosseur voulue. — On la fait cuire à demi dans un entonnoir d'osier, puis sécher plusieurs jours au soleil, pour l'empêcher de s'aigrir. La *rouïna* est plus rapidement faite. On grille le blé dans des poêlons, et on l'écrase sous la meule. — Toutes ces opérations durent quatre jours : le grondement sourd des meules, le caquetage des négresses qui adoucissent à leur manière le rude parler des Arabes, donnent à mon camp une animation inaccoutumée. Des flâneurs, gravement drapés dans leurs burnous, viennent s'asseoir auprès du feu et entament de longues conversations avec les femmes : des négresses, poussant leurs petits ânes aux lourds fardeaux, passent et adressent, avec un blanc sourire, des plaisanteries à leurs compagnes. Je vais parfois m'asseoir près des bagages pour contempler ce petit tableau. Plusieurs de ces femmes se sont limé les dents pour les avoir plus petites, et ont le visage fraîchement frotté de beurre rance : beaucoup portent de chaque côté du visage une chaîne à plaques, alternées de cuivre et de faux corail et des verroteries rouges : d'autres ont un assemblage de pièces d'argent, de grains de verre, d'ambre et de cornaline, et d'une multitude de petits boutons en étain ou en cuivre : certaines ont sur la tête un anneau fait avec un coquillage coupé, à travers lequel passe une tresse de cheveux, soigneusement gommée; une d'elles a même paré sa nuque d'un treillage de fils de laiton sur lequel sont cousues des verroteries rouges : une autre a un collier de clous de girofle à six rangs superposés. Tout cela est si singulier, que je photographie le groupe des négresses, furtivement, en relevant un pan de ma tente.

Tout ce monde a amené ses enfants joufflus, vêtus de haillons, la tête nue, les yeux bordés de mouches ; exagérant le parler chantant de leurs mères, ils se gorgent et se barbouillent de farine, ce qui leur donne un aspect des plus réjouissants.

Les Gourara sont en relations avec l'Algérie par trois de nos postes : El-Goléa, Géryville et Aïn-Sefra. — Je profite d'une caravane qui se rend à ce dernier point, pour expédier quelques lettres en France.

Le 28 décembre, je reçois deux lettres d'Algérie par un Châambi d'El-Goléa. C'est le caïd qui me les a envoyées. Je les lis avec le plus grand plaisir, bien qu'elles aient deux mois de date. Ce sont les premières que je reçois, Si-Hamza n'ayant pas jugé à propos jusqu'à présent de m'envoyer les lettres qui lui sont arrivées à mon adresse. Je remets

25 francs au Châambi; il part pour Timmimoun et me promet de prendre mes lettres à son retour.

Je ne l'ai jamais revu.

1ᵉʳ janvier 1886.

Triste 1ᵉʳ janvier. Vent froid, ciel gris, solitude autour de moi. Je pense mélancoliquement aux anniversaires écoulés, à ceux surtout où, tout petit et à demi vêtu, j'allai avec mon frère trouver nos parents, dès le matin, et leur souhaiter « la bonne année et l'heureuse santé ». Que tout cela est loin !

Bel-Gacem m'apporte le café. Il me raconte je ne sais quelle histoire, puis se rappelant soudainement la date, depuis longtemps désirée, il me fait le compliment d'usage. Je lui remets ses étrennes, ainsi que celles de Farradji. Celui-ci vient à son tour ; il ne s'attendait pas à cette aubaine : pour un peu, il danserait. En attendant, il se contente de baiser ma couverture, en prononçant des paroles sans suite dans son jargon nègre. De la servilité, rien d'affectueux ; je donnerais beaucoup en ce moment pour avoir près de moi un chien qui m'aimât.

Aujourd'hui Bel-Arby a l'air effaré qu'il prend chaque fois qu'il veut me demander de l'argent. Je commence à être las de ses volontariétés et me prépare à repousser l'attaque. Effectivement il vient me demander si je veux aller avec lui à l'Ouoguerout? — Non, j'attendrai Si-Kaddour ici. — Si j'ai l'intention de lui faire un cadeau? — Non, je ne suis pas assez satisfait de ses services. — Si je veux lui donner 250 fr., indemnité à laquelle il croit avoir droit? — Non, ce n'est pas dans notre contrat. — Si j'ai l'intention de lui rembourser le prix de ses semailles, manquées par ma faute? — Même réponse. — Si je veux lui donner mon chronomètre? — Non.

Alors il me déclare qu'il a besoin d'aller à l'Ouoguerout faire ses achats de dattes. — Qu'il y aille, je ne le retiens pas. — Mais il veut un certificat constatant que je lui ai donné la permission de partir et que je suis content de lui. C'en est trop, il m'a manqué de parole deux ou trois fois, il veut recommencer. A son aise! Mais je ne l'y autoriserai jamais. Il doit attendre ici l'arrivée de Si-Kaddour ou la réponse que celui-ci m'enverra par Ben-Atallah; il peut bien différer son départ d'une huitaine de jours. — Si le khalifa ne peut pas venir, je consentirai à me rendre dans l'Ouoguerout.

Bel-Arby me répète que Si-Kaddour ne viendra pas, et s'offre à faire toutes les démarches pour me faire partir. Mais comme je sais le prix qu'il m'en coûterait, je persiste dans mon refus. Bel-Arby sort de ma tente, plus effaré que jamais, et se rend dans la casbah.

Deux heures après, le cheikh Hammon me fait dire par Bel-Gacem qu'il se rend dans l'Ouoguerout et que je ferai bien d'aller avec lui, les habitants d'El-Hadj-Guelmane ne voulant plus me tolérer sur leur territoire. Étonné de cette étrange prétention, je lui envoie Dahmane pour lui rappeler ce qu'il m'a dit en recevant les 250 francs : « que je pourrai : si je veux, rester un an chez lui sans être inquiété », et lui affirmer que je ne partirai pas avant d'avoir reçu la réponse du khelifa. Dahmane, après avoir parlementé avec lui, revient découragé. Il est convaincu de la nécessité de donner encore quelque chose à Hammon.

Pour moi la cause de tous ces ennuis est l'avarice sordide du cheikh, que j'ai vu plusieurs fois ramasser dans le sable les débris de viande de notre souper et les emporter précieusement chez lui. Mais je trouve que j'ai été déjà trop exploité. Si-el-Hadj est présent, et, à son grand étonnement, je lui conte tout ce qui s'est passé. Il m'affirme que ni les gens des Oulad-Saïd, ni ceux de Timmimoun n'ont rien reçu; le cheikh principal de cette dernière ville, qu'il a vu lors du Mouloud, lui a dit confidemment que, puisque je me tenais tranquille, on n'avait rien à me dire; — puis il me demande si l'argent a été sincèrement remis au caïd : c'est Dahmane qui l'a porté, je ne puis rien dire de plus.

Je suis occupé dans ma tente à mettre dans une outre d'eau, du sucre, du raisin sec et de l'acide tartrique pour fabriquer du vin, dont l'absence commence à se faire sentir; Bel-Gacem me prévient que le fils du cheikh est venu lui demander s'il était vrai, comme le bruit en courait, que j'eusse remis cinquante soltanis à Hammon. Il a répondu affirmativement; son avis est que Dahmane a gardé l'argent. Je ne sais que penser.

Peu de temps après, j'entends un grand bruit. Je sors et vois quatre Khenafsa occupés à éteindre notre feu, malgré les protestations de mes gens. J'accours, je m'informe.

Le fils du cheikh me demande : « Est-il vrai que tu as remis de l'argent à mon père? — Oui, c'est vrai. — Vous l'entendez? » crie-t-il à ses compagnons. Et tous de vociférer : « Nous voulons bien te garder ici par plaisir, mais du moment que tu as payé, tu vas partir. »

Cela ne me semble pas très logique. Je réponds : « Je suis ici pour attendre Si-Kaddour; je l'attendrai. » On me crie alors : « Non, tu vas partir pour l'Ouoguerout, Si-Kaddour en a donné l'ordre. Ce mot m'éclaire. Les trois hommes, je les reconnais. Ce sont le fils, le neveu et le chaouch du cheikh. En même temps, ils ont abattu la tente de Bel-Arby, mais sans toucher à la mienne. La ruse est grossière. Je secoue la tête : « Si je suis forcé de m'en aller, ce ne sera pas pour aller dans l'Ouoguerout, avec Hammon. J'irai à la rencontre de Si-Kaddour, pour lui raconter la façon dont on accueille ses amis. » Ils paraissent embarrassés, mais l'arrivée d'un nouveau personnage, attiré par leurs vociférations, vient compliquer l'affaire.

C'est El-Hadj-Mohammed, le frère du cheikh, qui accourt, furieux : « Partez, fils de chiens, on ne veut plus de vous ici ! » Je commence à me guêper et je crie à Bel-Gacem : « Va me chercher mon revolver. » Il ne le fait pas, heureusement, et je reprends mon sang-froid qu'un moment de colère m'avait fait perdre. Je m'assieds sur le sable et regarde s'en aller El-Hadj-Mohammed, écarlate, qui gesticule et nous crie toujours de partir. Mon calme l'exaspère, il veut tirer son couteau pour se jeter sur moi : mais c'est une opération un peu longue, à cause du brin de maroquin qui retient le manche, et le fils du cheikh a le temps de s'interposer. El-Hadj-Mohammed tourne alors ses fureurs contre Bel-Gacem; mais Dahmane, accouru au bruit, saisit le khanfoussi par la gorge et le contraint de reculer : sous le burnous du Châamba, je vois son poing armé d'un revolver; heureusement il ne tire pas. El-Hadj-Mohammed se retire et va recruter des partisans.

Les affaires se gâtent décidément : une cinquantaine de Khenafsa sont accourus, et parlent tous à la fois. Je prescris à mes gens de ne rien faire sans ordre de moi et retourne à mon vin. Bel-Arby, que j'envoie chercher dans la casbah, est décidément dégondé : il refuse de venir. Je lui fais dire que je le rends responsable de ce qui arrive : tant pis pour lui s'il n'arrange pas les affaires. A ce moment, je vois partir deux cavaliers envoyés par la djemâa à Timmimoun et aux Oulad-Saïd pour annoncer mon renvoi.

Dahmane vient se disculper auprès de moi : il va chercher le cheikh pour me prouver qu'il a remis l'argent à sa destination. J'accepte, car je tiens à savoir quelles sont les intentions de Hammon, et je veux aussi être fixé sur la probité de Dahmane. Celui-ci part, est menacé de coups de pistolet dans la casbah, mais revient avec Hammon. Le ckeikh se répand en doléances sur mon indiscrétion : il a reçu les cinquante soltanis, mais il ne fallait pas en parler. A mon tour, je lui fais observer que je n'ai rien dit tant qu'il n'a pas violé la convention faite, et je le somme de tenir sa parole. Il est trop tard, selon lui, je dois partir : telle est la décision de la djemâa.

Je lui demande si ce mouvement populaire est dû à quelque imprudence de mes gens. — Pas du tout. — Et Bel-Arby, que fera-t-il? — Il reste ici. Il arrive justement; je lui demande : — Tu restes ici? — Oui. — Eh bien, tu vas me le répéter devant deux témoins, et me dire en même temps si, à partir d'à présent, je dois te considérer comme ami ou comme ennemi.

Il paraît embarrassé.

— Que vas-tu faire? me demande-t-il.

— Sois tranquille, je ne vais pas dans l'Ouoguerout. Puisqu'il est impossible de rester ici, je vais au M'zab par le plus court chemin.

— Pourquoi pas à Géryville?

— Parce que j'arriverai plus tôt au M'zab et que je suis pressé de trouver un bureau télégraphique. — Je tiens à informer rapidement le gouverneur de la façon dont les Oulad-Sidi-Cheikh ont tenu leurs engagements.

Je n'ai pas du tout l'intention de revenir sur mes pas, mais je ne suis pas fâché de voir l'effet produit par cette menace.

Le caïd déroule sa pensée et fait un discours conciliant et entortillé. On pourrait arranger les choses sans rester toutefois à El-Hadj-Guelmane; mais il faudrait faire des sacrifices....

— Pas de phrases, lui dis-je; je vois que je suis dans une caverne de voleurs : il me faut donner de l'argent, soit! Mais méfie-toi, j'aurai ma revanche!

Il s'explique carrément cette fois. Pour 500 francs, il apaisera les esprits et m'accompagnera jusqu'à Semmota, où nous resterons jusqu'à nouvel ordre. La seconde partie de ce plan me ravit, mais je ne veux pas donner une pareille somme. Enfin nous convenons que, pour 150 francs et la nourriture, le cheikh m'accompagnera, ainsi que Bel-Arby. Ce n'est pas sans quelque répugnance que je souscris à ce dernier arrangement, car je suis las des services de mon compagnon, mais je ne puis me dissimuler que, si je pars seul, je serai attaqué avant d'être à 500 mètres d'El-Hadj-Guelmane; d'autant plus que les deux chameliers ont annoncé hautement leur intention de ne pas me suivre. Et que pourrai-je faire avec trois hommes seulement, dont un infirme, pour résister à toute une population?

Cependant je ne puis encore me décider à partir, bien que la djemâa ait envoyé chercher mes chameaux au pâturage et ait donné deux fois l'ordre de les charger. Enfin, à une troisième sommation, je me résigne. On bâte les chameaux et je fais mes paquets. Puis, après avoir endossé mon haïk et mon burnous, je sors de ma tente.

Tout le plateau entre les deux ksour est couvert de monde, accouru pour assister à mon départ. Il s'agit de montrer à ces Arabes qu'un Français peut être forcé d'obéir à des circonstances impérieuses, mais qu'il n'a pas peur de regarder en face une population hostile. Je m'assieds sur le sable et roule tranquillement une cigarette pendant qu'on achève les préparatifs du départ, et j'affecte de plaisanter, ce qui relève un peu le courage de Farradjii et de Bel-Gacem, très déconfortés. Au bout d'une demi-heure, les chameaux partent, et grimpent lentement la côte sablonneuse qui conduit au nord de la ville.

Il est temps de partir. Un groupe silencieux s'est formé derrière moi et j'y reconnais les deux acolytes de Bou-Amema. Si-el-Hadj, qui n'ose pas me serrer la main, passe près de moi et murmure :

— Monte à cheval. Dépêche-toi ! Bon voyage.

Je me lève et dis à Bel-Arby : « En route ! » Puis j'enfourche ma monture et pars au pas, sans tourner la tête. C'est un mauvais moment à passer, car je crains d'être abandonné du cheikh et de Bel-Arby. — A 500 mètres de la ville, comme je rejoins les chameaux, je vois arriver mon ami, le Gourari El-Arby, qui vient me serrer la main ; — puis le petit

Mohammed, qui me demande la tête d'une chèvre égorgée le matin : il va la chercher, le couteau à la main, sur le chameau qui la porte, et revient me serrer la main en me disant gravement :

— Adieu, Morséli, bon voyage !
— Au revoir, lui dis-je ; je reviendrai bientôt.

Je poursuis ma route presque gaiement, rejoint par les deux chameliers, puis par le cheikh et Bel-Arby, et enfin par Dahmane. Nous franchissons en un peu moins d'une heure les quatre kilomètres qui nous séparent de Semmota et nous nous installons à la pointe nord de l'oasis. Chemin faisant, j'ai relevé à la boussole certains détails que je n'avais pu prendre lors de mon premier passage, — notamment la position exacte de Taghiart et de Babaïda.

Cette journée accidentée n'est pas finie. Le soir, au souper, nous sommes dix personnes, dont trois amenées par le cheikh. Celui-ci examine le fusil Gras de Farradji et l'apprécie en connaisseur. Une heure après, le fusil disparaît. On cherche partout, mais qui accuser? Farradji pleure à chaudes larmes.

Semmota, 4 janvier.

Le caïd, Bel-Arby et Dahmane partent à la recherche du voleur. Sur leur demande, j'ai promis 25 francs de récompense à qui rapporterait le fusil. Comme je m'y attendais, Bel-Arby le rapporte vers midi et touche les 25 francs. Il dit l'avoir trouvé en la possession d'un Khanfoussi qui l'avait acheté du larron : celui-ci, originaire du Tidikelt, s'était sauvé à Timmimoun, et Dahmane courait à sa poursuite ; enfin, une histoire invraisemblable. Mais je fais semblant d'y croire, jusqu'à l'arrivée de Si-Kaddour.

Dahmane revient à 4 heures sans avoir pu rejoindre le voleur.

A part ces petits ennuis, je suis relativement beaucoup mieux à Semmota qu'à El-Hadj-Guelmane : je n'y suis pas surveillé, et je puis aller et venir sans être suivi par des espions. Je profite de cette liberté relative pour faire l'ascension d'une gara voisine. J'ai la chance d'y trouver en outre deux inscriptions berbères sur les rochers, et un os antédiluvien énorme, encastré dans du grès tendre. Cela me fait oublier complètement les événements de la veille, et je les bénis presque tout en me mettant en mesure de dégager le fossile, ce qui présente beaucoup de difficulté.

Je profite aussi du répit qui m'est accordé pour continuer mes essais vineux et faire sécher et saler la viande de mes deux chèvres. On les coupe en morceaux qui restent deux jours au soleil, saturés de sel du pays. Ce sel vient des environs d'El-Hadj-Guelmane. Il est très blanc, cristallisé, et forme des plaques de 5 centimètres d'épaisseur. On le trouve dans certains endroits de la sebkha. Quand je puis m'échapper, je monte dans la gara pour travailler à l'extraction de l'os, et ce manège paraît suspect au caïd, qui me surprend m'excrimant contre le rocher. Il semble étonné de voir qu'il s'agit seulement d'un os qui se brise en plusieurs morceaux, car je n'ai avec moi ni colle-forte ni spermacéti. Il m'aide de son mieux et nous revenons avec des fragments assez considérables du fossile.

Le cheikh a paru étonné quand je lui ai montré l'inscription berbère, surtout quand je lui en ai lu quelques lettres. Il m'assure que personne dans le pays n'en soupçonne ni l'existence ni l'origine, de même le nom d'une forteresse ruinée qui couronne la gara.

Nous sommes installés sous les palmiers, non loin d'une *foggara* qui amène de l'eau fraîche dans l'oasis de Semmota. La prise d'eau est à 50 mètres de nous, elle consiste en un trou circulaire en partie entouré d'un mur maçonné; l'eau coule à petit bruit de trois canaux différents. Chaque tuyau d'irrigation a droit à un certain nombre de trous, calculé suivant l'importance et le nombre d'arbres qu'il doit arroser : l'un en a deux, l'autre trois, le plus grand neuf. Ce système bien simple empêche les contestations : il est facile à un propriétaire de constater qu'il lui arrive la quantité d'eau à laquelle il a droit.

De même qu'à El-Hadj-Guelmane, le nombre des oiseaux est restreint : il se borne à deux pies-grièches, qui m'assourdissent de leurs cris aigus, pareils au grincement d'une girouette rouillée; — quelques sveltes bergeronnettes courent sur le sable à la poursuite des insectes; un aouïad-brahim, qu'on appelle ici *bou-bechir* (le père de la nouvelle), parce qu'il a annoncé la naissance de Mahomet, une hirondelle grisâtre et une sorte de faucon blanc apparaissent de temps à autre. J'ai vainement cherché à m'approcher de ce dernier.

Les reptiles venimeux ne se montrent point dans cette saison : on les dit très nombreux en été. Les rats abondent. Je les crois d'une espèce particulière au pays. J'en ai tué un qui venait toutes les nuits dans ma tente, volait des dattes et allait en cacher les noyaux (au nombre d'une cinquantaine) sous la caisse de pharmacie. Il est long de 10 centimètres, gris tacheté de noir; sa tête énorme occupe un quart de la longueur de son corps; ses yeux, noirs et très brillants, sont aussi gros que chez les rats algériens. J'ai gardé soigneusement la peau de cet animal.

Les phalènes sont nombreuses. Quant à la vermine, abondante et trop facile à transporter, elle paraît être le principal article d'exportation du pays.

7 janvier.

Le cheikh a mis une insistance singulière, maintenant que j'y réfléchis, à faire partir Chikh-bel-Abed avec nos chameaux pour aller chercher du bois et du drinn dans le Timerkouk. En même temps, Dahmane s'est rendu dans l'Ouoguerout pour acheter des dattes, et le caïd, prétextant le mariage de sa petite-fille, est retourné à El-Hadj-Guelmane. Je me vois tout seul avec Bel-Arby et quatre hommes seulement, et encore Mohammed-ben-Chikh voulait partir pour acheter du goudron aux Oulad-Saïd ! Je me repens alors de mon imprudence

Vers 2 heures, des coups de fusil nombreux retentissent du côté de Mebrouk. C'est une caravane qui arrive sans doute d'Algérie. Mes préoccupations disparaissent. Bel-Arby au contraire, qui ne dort pas aujourd'hui, s'assombrit visiblement. On dit autour de nous que ce doit être Si-Kaddour. Nous apercevons une très nombreuse caravane qui barre l'horizon, du côté de Mabrouk. J'envoie Mohammed-ben-Chikh sur mon cheval, au-devant d'elle. Il ne revient pas, ce n'est donc pas Si-Kaddour.

On aperçoit les premiers piétons, brûlés par le soleil, le fusil sur les épaules, et en tête, marchant d'un pas alerte, une femme qui accompagne son mari, le bâton à la main. En s'approchant de nous, ils nous saluent et nous donnent des nouvelles de l'Algérie. Si-Kaddour va venir; il allait se mettre en route quand ils sont passés près de Bou-Zid. Ils font partie de la grande caravane des Trafis et des Hamyanes, venus au Gourara pour acheter des dattes. A leur tour, ils nous questionnent et nous disent : « Si l'on veut vous toucher, on aura affaire à nous! »

Le beau-frère de Bel-Arby est aussi dans la

caravane. Il vient nous voir, et nous vend un beau mouton pour 20 francs, ce qui est très bon marché pour le pays. Nous voulons fêter de notre mieux la bonne nouvelle.

Pour comble de joie, le vieux Mohammed-Bou-Amema arrive, nous apportant des lettres de France et deux autres de Si-Kaddour. Le khelifa m'annonce positivement son arrivée prochaine[1], et Bou-Amema est porteur de lettres pour me recommander à El-Hadj-Guelmana, Timmimoun, les Oulad-Saïd et l'Oouguerout; il m'assure que tout ce que j'ai enduré sera effacé à l'arrivée de son chef, et me conseille la patience.

Ces nouvelles se sont répandues rapidement, y compris celle de l'achat du mouton. Je vois arriver Si-el-Hadj et deux ou trois personnes d'El-Hadj-Guelmane. La sentence latine : « Donec eris felix, multos numerabis amicos, »

---

1. Malheureusement, il n'a pas tenu parole. (*Note de la R.*)

pourrait se traduire librement ici : Tuez un mouton, et vous aurez beaucoup de visiteurs.

La nouvelle que Si-Kaddour arrive, cause des effets bien bizarres : Bel-Arby et le cheikh ont d'abord l'air consterné, puis le premier fait de vains efforts pour m'engager à le laisser aller à l'Ouoguerout; après quoi, tous deux deviennent avec moi d'une amabilité excessive. Mais je n'oublie jamais le mal qu'on m'a fait.

A El-Hadj-Guelmane, on est troublé par la crainte que Si-Kaddour inspire. El-Hadj-Mohammed surtout, qui fait furtivement passer aux Oulad-Saïd tout ce qu'il possède. Les khenafsa viennent me voir et recommencent à me vendre des poules étiques, qui sont pourtant les bienvenues. Plusieurs de mes gens ayant été à El-Hadj-Guelmane, des habitants leur ont demandé pourquoi je ne revenais pas, si je leur en voulais beaucoup, etc., etc.

Je profite de cette crainte salutaire pour reconnaître la gara et en faire le plan. Je visite aussi de curieuses roches de grès près de Semmota et les deux forteresses berbères d'Allala, situées à 2 kilomètres au nord de ce village. L'une d'elles, la plus ancienne, est régulièrement construite; on y voit encore un puits creusé dans le roc.

Je fais aussi plusieurs photographies; mais, pour éviter de faire comme à El-Hadj-Guelmane, où la clarté de la lune et des étoiles, filtrant à travers l'enveloppe de ma tente, a empêché le développement des clichés, je profite d'une nuit sombre, et fais mes opérations dans le fond d'une malle. Cette fois, j'obtiens cinq images présentables, mais si le procédé est sûr, il n'est pas commode.

J'ai dit que les visites sont nombreuses. Bel-Arby multiplie ses invitations, et mes provisions s'en ressentent. Ce sont des marabouts, des parents, voire même de simples connaissances. Le visiteur embrasse Bel-Arby sur les joues ou sur la bouche, selon le degré d'intimité, ôte ses babouches, s'installe dans la tente, et, détail caractéristique, ne tarde pas à quitter son pantalon pour être plus à l'aise. Cette opération se fait décemment, grâce au haïk et au burnous. Elle n'en est pas moins singulière. Tous ont d'ailleurs l'air de ne connaître que de nom l'usage des ablutions et celui du mouchoir de poche, et beaucoup de nos délicatesses leur sont inconnues.

Ils se livrent volontiers à de bruyantes éructations qui sont un remerciement au généreux amphitryon, et échangent facilement leurs cure-dents. Je sens que j'aurai beau faire, je ne serai jamais un Arabe complet.

Je continue mes explorations des environs, en tâchant de faire une carte du pays. C'est ainsi que j'ai visité les ruines d'Allala, de Ba-Salen, de Mebrouk. Près de ce dernier village, on voit les restes d'une zaouïa de l'ordre de

Moulay-Taïeb ; une mosquée presque sans toit est le monument le plus intact depuis cinq ou six années. De là on aperçoit au nord les Ksirat-Kaddour et les ruines de Sebbala, sur une petite éminence dans ce qu'on appelle l'oued Mebrouk et qui est le prolongement de la plaine de Ras-er-Reg.

J'ai exploré aussi les gours qui s'étendent jusque près d'El-Hadj-Guelmane. Ils présentent à peu près partout le même aspect escarpé, et la même composition : grès sur grès, sans fossiles. Les ruines des trois ksours des Oulad-Lias, d'El-Marsa, des deux ksours de Tin-Zellid, présentent toutes les mêmes particularités que celles d'Allala, de Ba-Salen et de Mebrouk : un fossé, des tours aux angles, une double muraille, et, détail curieux, qu'on peut bien observer à El-Marsa, absence complète de porte. Les habitants de ces ksours devaient y entrer par des échelles qu'ils tiraient après eux. Cette particularité et la position d'El-Marsa sur une roche en surplomb, lui ont sans doute valu son nom (El-Marsa veut dire *le port*), les Touâtis supposant comme Bel-Arby qu'on entrait en bateau dans ce village.

21 janvier.

Encore une alerte. Six hommes des Oulad-Boudouïaa et des Djeramma sont venus s'installer dans une vallée, à 2 kilomètres à l'est de Semmota. On est venu nous en avertir aussitôt. Nous ne sommes que quatre en ce moment, et je serais très ennuyé si, dans une collision, mes chameaux venaient à être blessés ou tués, car il ne me reste plus de quoi en acheter d'autres. On craint aussi que vingt ou trente compagnons de Bou-Amema ne viennent se joindre aux Oulad-Boudouïa; heureusement, les gens de Tiliouin, caïd en tête, viennent en armes se ranger autour de nous et nous assurer de leur dévouement.

On envoie un homme à la découverte; il revient bientôt en disant que les ennemis sont nombreux et vont nous attaquer. La joie la plus vive éclate parmi les Khenafsa. Ils jettent leurs fusils en l'air, crient, parlent tous à la fois ; on ne sait lequel entendre ; on accuse tout haut la lâcheté du caïd Hammon, qui se garde bien de paraître. Quant à moi, je le soupçonne d'avoir imaginé tout cette mise en scène pour essayer de m'extorquer encore de l'argent. J'ai appris, en effet, que les Oulad-Boudouaïaa ont eu une longue conférence avec lui, avant de partir d'El-Hadj-Guelmane.

Notre camp présente un aspect des plus animés. Des groupes d'Arabes sont assis sur le sable, pérorant, discutant ou préparant leurs armes. La nuit tombe ; de grands feux sont allumés ; on veille auprès, et leur flamme claire met en relief de durs visages basanés, des haillons, de vieux fusils rouillés de tous les âges, de tous les pays. Un Châambi, le visage à demi voilé par son haïk, les yeux fermés, crie à perte de voix une chanson nasillarde, coupée entre chaque couplet par des murmures approbateurs. La nuit se passe ainsi. Vers 10 heures du soir, pensant que si nous avions dû être attaqués, ce serait déjà fait, je vais me coucher tranquillement. En effet, le lendemain matin, un *chouf* (voyeur) que nous avons envoyé à la découverte, nous annonce le départ des Oulad-Boudouaïa, soit qu'ils aient été déconcertés par l'arrivée de nos renforts, soit que notre attitude leur ait fait comprendre que les promesses du caïd étaient vaines. Tout notre monde nous quitte, excepté un vieil homme loqueteux qui reste auprès du feu à attendre quelque aumône, à demi masqué par son haïk, la moustache grise et hérissée pointant à travers une déchirure de l'étoffe.

Mohammed-Ben-Atallah arrive vers 11 heures, annonçant l'arrivée de Si-Mohammed-Ould-Kaddour et de Si-Lala. Si-Kaddour n'a pu venir à cause de ses nombreuses occupations; mais il m'envoie une lettre affectueuse et au cheikh Hammon une autre lettre moins tendre, pour lui enjoindre d'avoir soin de moi. L'effet de ces nouvelles ne tarde pas à se faire sentir : le caïd Hammon vient faire d'hypocrites protestions d'amitié, et le lendemain, les Oulad-Boudouaïa se présentent à moi et m'assurent qu'on leur a imputé à tort de mauvais desseins à notre égard. Je leur réponds : « Je ne m'étonnerais pas que vous voulussiez m'attaquer, si j'étais seul ; mais, dans les circonstances présentes, ce serait vouloir vous brouiller avec la France et avec les Oulad-Sidi-Cheikh, pour un bien maigre bénéfice, outre que j'ai la vie dure. Aussi je ne vous crois pas assez simples pour former un pareil projet. »

La paix se fait entre nous. Ils restent même à déjeuner. Je me repens de mon invitation quand je vois parmi les convives le chaouch de Bou-Amema : mais il est trop tard pour reculer ; je prends avec eux ma part de couscouss, tout en souhaitant intérieurement qu'il puisse les étrangler.

Un beau-frère de Si-Kaddour, Hamza, est venu nous rejoindre. De la province d'Oran, il ne connaît que Géryville et Tiaret. Aussi, il me questionne curieusement sur nos usages, sur la France, sur ce qu'elle contient. Y a-t-il du sable, des palmiers ? Et les animaux sont-ils les mêmes que dans le Sahara ? Y a-t-il des lions, des chacals, des hyènes, des *naguir* ? — A mon tour, je demande ce que c'est qu'un naguir. — C'est un petit animal dont on ne peut me donner une description exacte, mais que les fatigues et les privations engraissent.

— En France, dis-je alors, nous avons aussi un animal qui n'acquiert toute sa vigueur qu'à force de jeûnes et de fatigues. De plus, quand on le laisse se repaître à sa guise, il ne tarde pas à mourir.

— Comment l'appelle-t-on ? demandent mes auditeurs émerveillés.

— On le nomme l'amour, fais-je sans me déconcerter.

Ici se termine le journal de route du lieutenant. Quatre jours après, il écrivait sa dernière lettre à ses parents; la voici :

« Semmota, 25 janvier 1886.

« Mes chers parents,

« Que de temps perdu! Heureusement voici le fils de Si-Kaddour arrivé et je vais poursuivre mon voyage. Les derniers événements m'ont prouvé que j'avais eu raison de temporiser ; il est probable que si j'étais parti seul et sans recommandations suivantes, on m'aurait coupé le cou et pas loin d'ici. Maintenant on va me mettre entre les mains de guides sûrs, dont les familles resteront en otage entre les mains de Si-Kaddour, pour répondre de ma sécurité. Je crois que le voyage pourra s'effectuer dans de bonnes conditions maintenant.

« Je vous envoie la fin de la première partie de mon journal de route. Je vous prie d'alléger un peu tout cela, peut-être en ce qui concerne mes démêlés avec Bel-Arby. Prière aussi de rétablir l'orthographe des deux noms *Bel-Arby* et *Dahmane* dans ce que je vous ai envoyé la première fois.

« A la fin du récit du voyage, j'ajouterai plus tard un journal de route détaillé, ce qui fait qu'on peut supprimer des longueurs dans la description des étapes parcourues.

« J'ai enfin reçu une lettre de vous, datée du 26 octobre; elle n'est pas très fraîche, mais quel plaisir elle m'a fait! J'y ai constaté surtout que mon père est un brave homme (pardon de l'expression, mais elle rend bien ma pensée), et si vous êtes fiers de moi, je suis fier de vous. Soyez tranquilles, je ne reviendrai pas honteusement sur mes pas. J'ai eu de mauvais moments, mais je n'ai jamais regardé en arrière. J'aurai toute la prudence nécessaire à un pareil voyage; mais je ne battrai pas en retraite. Vous pouvez être tranquilles à ce sujet.

« Je passerai coûte que coûte, dussé-je y laisser ma chemise. Cela a l'air d'une plaisanterie ; mais il est probable que j'arriverai au Sénégal, non seulement sans un sou et sans un vêtement, mais encore avec des dettes. Gare à un appel de fonds !

« Je vais vendre mon cheval pour acheter des provisions, et je monterai sur un de mes chameaux ; je ne veux pas toucher à mon corail et à mon ambre avant Tombouctou. Je les vendrai alors pour payer mes guides antérieurs et mon voyage au Sénégal.

« Je poursuis mon travail sur le Gourara. J'éprouve des étonnements singuliers en voyant combien nos cartes sont fausses : comme position, comme importance, les villes du Gourara sont bien différentes de ce que nous imaginons. Je crois qu'il y a beaucoup de ressources dans ce pays, et qu'il est appelé à nous appartenir. J'y consacrerai tous mes efforts.

« Il y a longtemps que je projette d'écrire à Edmond : ce n'est pas encore pour cette fois. Je lui écrirai un peu plus loin de l'Oouguerout où je me rendrai dans deux ou trois jours.

« J'ai toujours une bonne santé merveilleuse, quoiqu'il ait fait assez froid ces temps derniers. J'ai ajouté une peau de mouton à mon lit et une chemise de flanelle à mon costume, et m'en suis bien trouvé. Au reste, le vent froid a cessé et il fait une température supportable. Puis, l'hiver tire à sa fin et je n'en suis pas fâché.

« Combien de gens malhonnêtes dans ce pays! Sans être chauvin, on peut être fier d'être Français, en vivant chez les Musulmans. Les mensonges les plus grossiers, les plus impudents s'épanouissent ici en toute liberté. Il y a bien longtemps que je n'ai vu le visage d'un honnête homme, trop longtemps!...

« Avec tous ces petits événements, ces contrariétés subies, ces préoccupations constantes, je me fais l'effet d'un bouchon dans une écluse : il tournoie, s'enfonce, surnage, revient sur ses pas, disparaît encore, mais pour flotter définitivement au fil de l'eau et suivre sa destinée qui est évidemment de se rendre de ruisseau en rivière jusqu'à la mer. De même, j'espère que le plus désagréable est passé et que les temps d'arrêt que j'ai subis n'auront pas de fâcheuse influence sur mon voyage : je vais reprendre le fil... du sable et me rendre sans encombre à Saint-Louis, par la traverse.

« Ci-joint une lettre pour madame Adam.

« Au revoir et à bientôt, je l'espère.

« Je vous embrasse de tout mon cœur.

« MARCEL »

FIN

TABLE DES MATIÈRES

	Pages.
PRÉFACE.	1
AVANT-PROPOS.	25
LETTRES.	35
INTRODUCTION.	61
JOURNAL.	113

IMPRIMERIE GÉNÉRALE A. LAHURE

9, rue de Fleurus, à Paris.

Extrait du Catalogue de la BIBLIOTHÈQUE-CHARPENTIER
13, RUE DE GRENELLE, PARIS
à 3 fr. 50 le volume

Mme CARLA SERENA

Les Hommes et les choses en Perse, édition ornée du *portrait de l'auteur*, par F. DESMOULIN et de dessins par COLOMBARI............................ 1 vol.

Seule dans les Steppes. Épisode de mon voyage au pays des Kalmoucks et des Kirghis. Édition ornée de dessins par A. BRUN........................... 1 vol.

ADOLPHE BADIN

Saint-Pétersbourg et Moscou................. 1 vol.

GABRIEL CHARMES

Cinq mois au Caire........................... 1 vol.

PAUL BOURDE

A travers l'Algérie........................... 1 vol.

EDMOND COTTEAU

Promenades dans les deux Amériques........... 1 vol.

E. DUTEMPLE

En Turquie d'Asie, notes de voyage en Anatolie. Édition ornée de dessins de A. BRUN................... 1 vol.

CH. JEANNEST

Quatre années au Congo. Édition ornée d'une carte inédite et de dessins par F. DESMOULIN.......... 1 vol.

GASTON LEMAY

A bord de la Junon........................... 1 vol.

JOSEPH REINACH

Voyage en Orient............................. 2 vol.

Le Catalogue général est envoyé franco

www.ingramcontent.com/pod-product-compliance
Lightning Source LLC
Chambersburg PA
CBHW060644170426
43199CB00012B/1661